JN081696

心理学理論
バトル

心の疑問に挑戦する理論の楽しみ

繁桝算男・編

新曜社

まえがき

　スポーツでは、ライバルの存在がプレイヤーを切磋琢磨させる力となる。古い話であるが、柏戸と大鵬は柏鵬時代と呼ばれる相撲の隆盛期の立役者であり、良いライバルとして競い合い、両方とも横綱になった。もっと古い話では、栃若時代がある。栃錦と初代若乃花である。我々世代では、その名を聞くだけで懐かしい思いがする。テニスファンならばテニスの良いライバル関係をいくつも思いつくであろう。フェデラー vs. ナダルはまだ健在であるが、古い世代には、クリス・エバート vs. ナブラチロワのライバル対決の試合もなつかしい。比較的最近録画された、このふたりの対談をテレビで見たことがあるが、非常に良い友人関係を保っているらしい。

　本書は、心理学における理論のライバル関係に焦点を当てて、多様な領域における興味深い最新の知識について、理論 A vs. 理論 B（あるいは、理論 C も付け加えて）という対立の図式で説明したものである。「理論」の定義を考えること自体が大仕事であるが、本書での議論のためには、法則や仮説が関連して一つにまとまったシステムであると大まかに定義することで十分とする。

　若干、脇道にそれるが、英語の "Theory" と日本語の「理論」を比較すると、理論のほうが、固いニュアンスがあると聞いたことがある。システム内部の法則や仮説（抽象的にはすべて命題）の間の関連が論理的に正当化されなければ、理論とは言わないという風に固く考えなくてもよいのではないかと思う。若い研究者は、自分の特有の考え方を柱にして、理論を構成したらどうか。最初は未熟な部分が多いだろうから、異論反論も多いだろうが、それらに応じて理論を修正することが理論を発展させることになり、根本的な間違いに気がつけば、

潔く、その理論をあきらめ、また、新たなことを考えればよい。できれば、友人が異なる意見を持っていて、論敵として議論を続けるのもよい。クリス・エバートとナブラチロワのように良い関係が続けば議論も楽しいであろう。

　本書に関連することに戻る。本書の書名として「理論バトル」という勇ましいタイトルを付けた。ただし、本書の著者の方たちは最先端で研究をしている方たちであり、思弁的な議論ではなく、きちんとしたデータを基に議論したい方が多く、本書の内容は、文字通りの理論A vs. 理論Bというよりは、理論から派生した仮説に関する対立であったり、解釈の対立であったりする。理論全体であれ、個々の仮説であれ、心理学で、相矛盾する理論や仮説を比較考察することは心理学の進歩に大きく益することが多い。

　理論の間の論争が学問の発達に貴重であるということは、心理学だけに当てはまる話ではない。それはその通りなのだが、しかし、諸学問の中でも、心理学における論争が最も興味深く、生産的であると考えるのである。

　たとえば、哲学を例にとる。プラトンの対話編をはじめ、エラスムス、ライプニッツ、ヒュームなど、対話形式により、論点を平易にかつ明確に提示し、結論を得ようとする著作は多い。しかし、筆者のような素朴な門外漢には、哲学の議論（論争、問答、対話など）においては、何が前提であり、論争によってどの部分が修正されたのか、結論が導かれたとしても、それが論理的推論の行きつく最終点なのか、信条や価値観という前提が変わったためなのかがわかりにくい。抽象的な思弁の極である数学は、哲学の一種であると思うが、いくつかの前提条件を設け、そこから導かれる命題群のみで、一つの整合的な体系を構成する。この場合、用いられる用語（変数）および関連（数式）はすべて明確に定義されており、前提の組（公理）から直接導かれる命題の場合には、異なるシステム間に一致を望むことはできない。本

来、哲学的問答においても、異なる信条や前提から始まる理論が問答によってどちらかを正しいという結論に至るのは困難であると考える。

　一方で、実証科学の例として物理学を考えよう。心理学の先人は物理学を模範とした。すなわち、研究のための仮説を、測定可能な概念によって記述し、他の研究者が追試できるように再現可能な形で取得したデータによって、その仮説の真偽が判定されるというプロセスを理想とした。しかし、一般向けの啓蒙的な書を読むと、現代物理学での研究プロセスは、それほど単純なものではないようである。観測技術と高速コンピュータの発達により、むしろ、データが先行し、そのデータを説明するために既存の理論を修正する、あるいは、新しい理論を作らなければならないようにも見える。理論がデータによって検証されるか、理論そのものがデータによって導かれるか、現代物理学には両方の側面がありそうだが、いずれにせよ、物理学の進歩は、データが主導していると考えられる。

　心理学は、哲学や数学のように、前提の違いはしかたがないというのでもなく、また、データだけによって、理論の優劣を決めるほどの明快な構造を持っているわけでもない。将来の心理学がどのようになっているかはわからないが、現代心理学に関する限り、心理現象を統一する理論は見えていない。また、教育場面、職場臨床場面などで、目の前にいる人を援助しようとするときに、データで実証できる部分の理論の応用だけでは間に合わず、実践のために拠って立つ自前の理論が必要であることは自明である。実践的な必要性を持ち出さなくても、心理学に関心を持つ人だけでなく、すべての人が、自分の本当の気持ち、愛する人の気持ち、人生のこと、関係する集団の人間関係などなどについて、それぞれの理解を持ちたいであろう。理論とデータが拮抗して存在し、現象を説明する理論も複数ある心理学のような分野において、論争は生きてくる。心理学では、論争によって、理論の間にどのような違いがあるのか、その違いの真偽を決めるデータには

どのようなものがあるか、また、現状では決め手になるデータがない場合には、どのような実験や調査をすればよいかを考えることは極めて重要である。

　本書は、そのような志のもとに、その趣旨に賛同していただいた方たちが執筆している。内容のベースは、帝京大学においてオンラインで開かれた、日本理論心理学会第66回大会の録画講演である（この録画講演の一部は、理論心理学会の大会HP（http://www.theo-psy.main.jp/）で理論心理学会会員、および、希望者に公開されている）。

　本書は、12章から成っており、それぞれが独立している。読者は系統的に読む必要はなく、自分の興味関心に合わせて読み進められたい。本書を読むことが、周りの人と議論を始めるとか、新しい実験や調査を考えて見ようというきっかけになることを著者一同望んでいる。

　各著者には、対立する理論ないし法則、仮説を対比的に叙述してほしいこと、また、最後に本文の理解を深めるようなQ&Aを加えてほしいという注文以外は、それぞれの著者の考えで執筆を進めてもらっている。それぞれの章で、それぞれの著者の論述の進め方の違いなども楽しんでもらえるかもしれない。

　本書の出版は、新曜社社長の塩浦暲さんに本書への思いを述べたところ、ご多忙の中で自ら編集の仕事をお引き受けいただいたことで実現した。最後になったが、大事なこととして、編集方針に関して、また、各章の書き方に関して、適切な助言をいただいた塩浦さんへの感謝の念を記しておく。

繁桝算男

目　次

装幀＝新曜社デザイン室

1章 錯視とは何か

エラー説と副産物説 北岡明佳

　錯視（視知覚における錯覚）とは何か。錯視は単なる知覚の誤りなのか、何か機能的なものの副産物なのか、という問いが、本章の理論的争点である。ここでは前者をエラー説、後者を副産物説と呼ぶことにしよう。こころは生得的なのか学習的なのかという論争と同じで、どちらかに割り切れるものではないと考えられるが、ある錯視について副産物説を採るなら、それはいったい何の副産物なのかということは明確にする必要がある。

1　錯視の副産物説

1-1　遠近法説

　古典的な幾何学的錯視（形の次元の錯視）のいくつかについては、古くから副産物説が唱えられている。遠近法説というものが、それである。網膜像の大きさが同じでも、遠くに位置していると知覚されると大きく見え、近くに位置していると知覚されると小さく見えるという現象（図1-1）を念頭において、大きさの錯視を対象の遠近知覚の違いで説明する考え方である。

　たとえばポンゾ錯視（図1-2）を遠近法説で説明する場合は、「斜線の頂点に近い側の線分は遠くに見えるから大きく見える」というこ

I

図1-1　網膜像の大きさと位置知覚

二つのクルマの写真上の大きさは同じである（上のクルマは下のクルマのコピーである）が、遠くに位置しているように見える上のクルマの方が大きく見える。

とになる。筆者にはポンゾ錯視はほとんど起きない（2本の線分は同じ長さに見える）ことなどもあって遠近法説はあまり支持していないのであるが、ここではこの論争には立ち入らない。幾何学的錯視の遠近法説は古くからあり、副産物説の一種である、という指摘に留める。

1-2　色の恒常性の副産物としての色の錯視

　本章では、説得力が十分あると筆者が考える別の副産物説を紹介する。それは、「色の恒常性の副産物としての色の錯視」である。

　図1-3では、イチゴが赤く見えるが、画素一つひとつは赤くない。赤いイチゴの写真と、赤（PCのフルカラー画像における各原色256階調

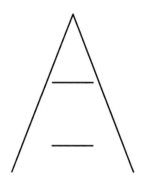

図1−2　ポンゾ錯視

二つの水平線分は同じ長さであるが、斜線の頂点に近い上の線分は下の線分よりも長く見える。遠近法説によれば、頂点に近い側の線分は遠い側の線分よりも遠くにあると知覚されるから、大きさの恒常性（遠くにある対象の網膜像は近くにある同じ大きさの対象の網膜像よりも小さいが、前者が後者よりも小さいとは必ずしも知覚されないこと）の働きによって大きく見えるという。

のRGB（red, green, blueを原色とする）表現では、R: 255, G: 0, B: 0）の反対色のシアン色（明るい青緑色。RGB表現であれば、R: 0, G: 255, B: 255）のベタ塗り画像の加算的色変換（加重平均による合成）で作成したもので、シアン色画像の重みが50％以上であれば、数学的に、赤い画像を含まない画像が生成される。すなわち、画素は赤くないのに赤いイチゴが知覚されるという点で、色の錯視である。一方、視点を変えると、赤いイチゴの画像を色のフィルターを通して観察しても元の色がわかるという意味で、色の恒常性の表れである。たとえば、照明やフィルターの色みが多少変わった程度で顔の色や着ている服の色が変わって見えてはいろいろと不便なので、照明やフィルターの色みにかかわらず、対象の色がある程度恒常を保つという色の恒常性は機能的である。ということは、図1−3に見られる色の錯視は、色の恒常性という役に立つ視覚の働きの副産物という理解でよいのではないか、というアイデアである。

R138, G190, B190
R131, G195, B195
R138, G148, B148
R76, G148, B148
R138, G255, B255

**Additive color change
with cyan (α = 48%, γ = 1.2)**

図1-3　色の恒常性による色の錯視の例

イチゴは赤く見えるが、画素は赤くない。イチゴの部分の画素は、シアン色（明るい
青緑色）か灰色である。

2　記憶色説

　もっとも、実は、上記の説明はすんなりとは受け入れてはもらえな
い。講演会やSNSなどで図1-3を示すと、高い確率でコメントされ
ることがある。「イチゴは赤いと知っているからではないか」という
ものである。要は、恒常性や錯視ではなく、記憶色（慣れ親しんだも
のにおける固有の色の記憶。たとえば、バナナなら黄色、トマトなら赤）
の表れという考え方である。記憶色で図1-3を説明することは多く
の人の腑に落ちる説明のようで、たとえばこの件でマスコミに取材を

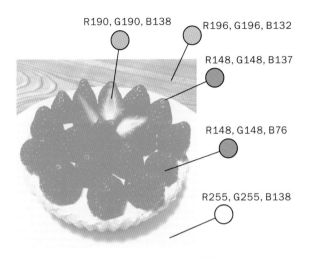

R190, G190, B138　　　R196, G196, B132

R148, G148, B137

R148, G148, B76

R255, G255, B138

図1-4　色の恒常性による色の錯視の例

青いイチゴの画像を画像処理で作成後、黄色のベタ塗り画像と加算的色変換で合成し、錯視画像を作成した。イチゴは青く見えるが、画素は青くない。イチゴの部分の画素は、黄色か灰色である。

受けると、記憶色説で筆者が解説することが望まれていることがわかる。もし、お茶の間の人気者になりたいなら、図1-3は記憶色説で解説すると効果的である。それは欺瞞なので、筆者は「記憶色の効果はあることはわかっているが、それほど強いものではない」と言うしかないのだが、それだけでは必ずしも納得してくれない。そこで、画像処理で青いイチゴを作成し、青の反対色の黄色のベタ塗り画像と合成して、青い画素はないが青いイチゴが見える錯視画像（図1-4）を作って、記憶色説支持者の説得を試みる。それでも彼らが納得してくれるかというと、何とも言えない。これを見せると黙ってはくれるようになるのだが、まだ納得はしていないようにも見える。「この場合はブルーベリーと認識したのではないか」などとこじつけて理解しようとするかもしれない。それほど記憶色説は根強い人気がある（この

図1-5　色の恒常性による色の錯視の例

旗の一部は赤く見えるが、画素は赤くない。それらは、シアン色か灰色である。

図1-6　イチゴの色の錯視の画像のサブピクセルのヒストグラム

Rの信号の強さはGとBのそれらを超えることはないことから、すべての画素は赤くないことがわかる。

図1-7 図1-3の元のイチゴの写真をグレースケール化した画像

グレースケール画像では、各画素のサブピクセル値（R値、G値、B値）は等しくなる。サブピクセル値がゼロではないからと言って、赤や緑や青が自由自在に見えるわけではない。ある画素が赤く見えるためにはR値はG値とB値よりも大きい必要がある。その場合、G値とB値が同じであれば（R > G = B）赤の色相となり、G値がB値よりも大きいと（R > G > B）オレンジ色の色相になり、B値がG値よりも大きいと（R > B > G）赤紫色の色相になる。

こと自体が有力な研究テーマになりそうである）。

　記憶色説では説明できないことを納得してもらいやすいと期待できるデモとしては、筆者の勤務校の旗の写真を加工した画像がある（図1-5）。この画像では、旗は赤く見えるが、赤く見えるところの画素は灰色である。立命館大学の旗は赤いのであるが、図1-5を初めて見た人でも旗は赤く見える。つまり、記憶色説では説明できない。しかし、「思い出せないだけで、この旗を見たことがあるのかもしれない」という反論は可能であるから、これでも筋金入りの記憶色説支持者を説き伏せることは難しいかもしれない。

　そのほか、ごく少数ではあるが、筆者が図1-3を色の錯視の例で

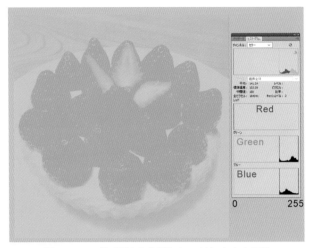

図1-8 Rのサブピクセル値をすべてゼロにした画像

GとBのサブピクセル値は180〜255の範囲に分布。筆者には赤いイチゴには見えない。「図1-3の色の錯視はサブピクセルの赤が見えているものであって、錯視ではない」という主張と必ずしも矛盾しない。

あるとして示すと「これは錯視とは言えない」と否定してくる人が、SNS上にはいる。図1-3の各画素には赤い画素は存在しないのであるが、RGBを原色とする加法混色表示であれば、各画素のサブピクセルのうちRの信号は必ずしもゼロというわけではない（図1-6）。図1-3を「色の錯視ではない」と批判する人に言わせれば、「錯視的な赤は、サブピクセルRが見えているのにすぎない」ということになる。もちろん、混色あるいは等色という概念を理解していればそのようなロジックは妥当ではない。また、その説が正しいなら、グレースケールの画像（図1-7）からはどんな色でも見えることになる。

　ところが、図1-3を色の錯視ではないと批判する人が根拠として挙げる「Rのサブピクセル値はすべてゼロというわけではない」という点は、実はこの錯視における最も重要なポイントを突いている。図

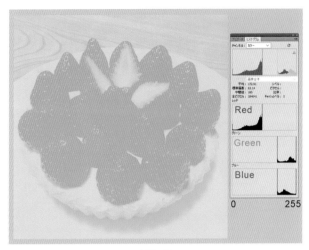

図 1-9

図1-8のGとBのサブピクセル値の分布（180〜255）はそのままにして、Rのサブピクセル値を0〜120の範囲で加えた画像。RのサブピクセルはGとBのそれらを超えることはないから、赤い画素は存在しないが、画像には赤いイチゴが知覚されるようになる。

1-3の錯視的な赤は、Rのサブピクセルをすべてゼロにすると観察できなくなる（図1-8）。一方、図1-8の画素のRのサブピクセルの値をある程度以上の幅で分布させれば、錯視的赤みが見えるようになる（図1-9）。

3　ヒストグラム均等化説

　以上示してきたように、この色の錯視が成立するためには、Rのサブピクセル値がすべてゼロであってはならず、一定の幅で分布する必要があるという条件がある。この必要条件は、2018年にわれわれが提唱したヒストグラム均等化説（histogram equalization theory）

図1-10　図1-3の元の写真画像の各サブピクセル値の分布

0から255階調まで広く分布していることがわかる。

（Shapiro, Hedjar, Dixon, & Kitaoka, 2018）によって、無理なく説明できる。ヒストグラム均等化説では、自然画像においては各サブピクセル値は0～100％（0から255階調）の範囲に広く分布することを前提として（図1-10）、上の方や下の方に分布が欠けるのは不自然なことなので、それらの分布を引き伸ばすかのように知覚する、と仮定する考え方である。

　実際に、PCによる画像処理としては、その逆変換（ヒストグラム圧縮）で任意の色の錯視図形を作ることができるし、元に戻すこと（ヒストグラム均等化）もできる（図1-11）。しかし、RGBを加法混色系の原色にしているのは工業的な都合であって、RGBがヒトの視覚系の原色であるとは限らない。すなわち、ヒトの視覚系の中にもPCと同様にRGBが原色として存在して、それらがヒストグラム均等化の原理に従った脳内画像処理で色の恒常性や色の錯視を作り出していると言うことはできない。あくまで比喩である。脳内の原色は3色かも

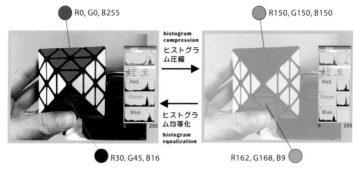

図1-11　ヒストグラム圧縮とヒストグラム均等化

本図のヒストグラム圧縮では、0〜255の値を取るRとGのサブピクセルを150〜255の値に変換し、0〜255の値を取るBのサブピクセルを0〜150の値に変換している。このため、8面体のパズルの青い上面の色は、灰色に変換されているが、青い面と知覚される（色の恒常性あるいは色の錯視）。

しれないし、もっと多いかもしれないし、あるいはRGB表現のような独立した軸の座標系とは異なる表現形態かもしれない。

4　色の対比か色の恒常性か

　さて、これまで示してきた写真を変換した画像は、錯視のデモというよりは色の恒常性のデモと呼ぶ方がふさわしいと感じる人も多いと思う。要は、それらは錯視図形らしくない気がするのである。そういう人には、写真ではなく、イラストを用いたデモが説得力を持つかもしれない。図1-12では、目の色は物理的には灰色であるが、それぞれ色が付いているように見える。周囲の色とは反対の色が見えるから、現象としては色の対比である。そのような見方をすれば色の錯視であるが、もともとは色の付いた目の画像に色のフィルターを合成したものなので、色の恒常性の働きによって元の色が見えると考えれば、色

図1-12　目の色の錯視

上段の目は、左から右に、赤、緑、青、下段の目は左から右にシアン色（水色）、マゼンタ色（赤紫色）、黄の目に見えるが、画素としては灰色である。つまり、灰色が色づいて見える錯視であり、周囲の色（それぞれシアン色、マゼンタ色、黄、赤、緑、青）の反対色に見えるから、色の対比現象の一種とも言える。

の恒常性のデモということになる。

　色の対比現象（「色の対比錯視」あるいは単に「色の対比」）は、たとえば灰色の領域が周囲の色とは反対の色に色づいて見えるという現象で、標準的なデモとしては、図1-13が例となる。図1-13の小さい正方形の色は、図1-12の目と同じ灰色である。図1-12と図1-13を比較すると、図1-12の目の方が色の錯視の効果は大きい。これは、色を誘導する領域の複雑さに関係していて、図1-13のような最も単純な刺激で効果は最小であり、複雑になるに従って効果は強くなる（図1-14）。この知見を記述するのに、「色の錯視を誘導する領域が複雑で多いほど、効果が加重して錯視が強くなる」というボトムアップ的説明が好まれると思われるが、「色の恒常性が働くには、十分な情報が必要で、図1-13のような単純な刺激では十分な情報が得られな

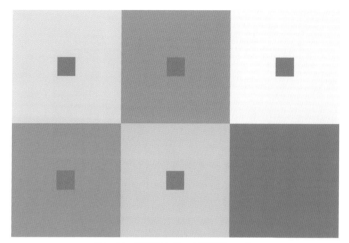

図1-13　標準的な色の対比現象のデモ

小さい正方形はすべて灰色で、図1-12の目の色と同じである。上段の小さい正方形は、左から右に、赤み、緑み、青みがかって見え、下段の小さい正方形は、左から右に、シアン色（水色）、マゼンタ色（赤紫色）、黄みがかって見える。

いので、効果が小さい」というトップダウン的な説明も可能である。

　前者は、色の対比のしくみが先にあって、それらの合成で色の恒常性が実現するというストーリーであり、後者は色の恒常性のしくみが先にあって、図1-13のような単純な刺激ではそれが十分機能しないから色誘導の効果が弱いというストーリーである。後者のように考えるならば、図1-13のような色の対比現象は色の恒常性の働きの副産物と考えるということになる。筆者はそのように考えている。

　このように、「色の対比という錯視は、色の恒常性の副産物である」ということが筆者の考えであるということはご理解いただけたと思う。しかし、この考え方は、現時点で視覚科学において広く受け入れられた考え方というわけではない。ある現象は何かの機能的なものの副産物であるという考え方は、どうしても目的論的なところがあり、たと

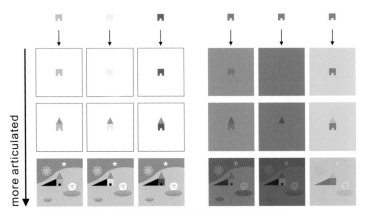

図1-14 色の対比現象と色の恒常性の連続性

左半分の3列×3段の正方形の原画に、左端の縦列にマゼンタ色、中央の縦列に青色、右端の縦列にシアン色の一様な画像を合成したものが、右半分の3列×3段の正方形の画像である。右半分においては、それぞれの正方形の中央の「コ」の字を反時計回りに90度回転させたパターンの色は、灰色である。右半分の3列×3段の最上段は標準的な色の対比現象のデモ図形に相当し、最下段は色の恒常性のデモ図形に相当する。どの段でも、「コ」の字は左から緑、黄、赤に見えるが、その効果は下の段ほど（刺激図が複雑なほど（more articulated））大きい。

えば「色の対比現象は色の恒常性を実現するためにある」と主張しているように聞こえ、厳密に決定論的・因果論的に話を進めたい人にとっては、受け入れがたい主張に聞こえるかもしれない。その場合は、ボトムアップ的な説明だけでも問題ない。「色の対比を積み重ねたら、色の恒常性が実現した」という記述でもOKという意味である。ただ、錯視の副産物説を検討することは、錯視とは何かということを考察する上で意義深いと考えている。もっとも、本章のタイトル「錯視とは何か」は大見えを張りすぎていて、たとえば「錯視の副産物説の検討」程度がふさわしかったと反省している。

　本章には、明確な結論はない。現時点において、すべての錯視を何か機能的なものの副産物として説明することはできないし、将来的に

も「原因が説明できないただのエラーのようである」という錯視も多く残ると思われる。

　本項は、第66回理論心理学会大会（オンライン開催）における筆者の講演「錯視とは何か？」の一部を文章にしたものである。講演に用いた下記ウェブサイトも参考にされたい。

http://www.psy.ritsumei.ac.jp/~akitaoka/rironshin2020.html

Q & A

　Q1：「錯視」などというものはないのではないでしょうか。知覚のエラーか副産物かのどちらかということであるのなら、錯視を定義できる特有のものはなく、錯視とは虚構あるいはでっち上げの類なのではないでしょうか？　そのようなものを研究して意味があるのでしょうか？

　A1：知覚のエラーか副産物のうち、インパクトが十分あり、おもしろいものを錯視と呼ぶのだと思う。そう言うと、およそ科学的定義に聞こえないが、そのように考えるとしっくりくることが多い。まず、錯視は雑多であることが説明できる。トートロジーだが、錯視に人気があることも説明できる。また、人間以外の動物にも錯視が存在するという証拠は増えてきているが、今のところ錯視をおもしろがるのは人間だけである。これに関連して、芸術との関係も示唆される。これらを総合すると、研究の対象として十分な価値があると思う。

　Q2：だまし絵は錯視ですか？

　A2：副産物説で説明できる錯視に該当すると考える。だまし絵は、それに使われている本来の視覚的機能が容易に推測できるものであるが、そのように当該の現象が何かの副産物であることが意識されると、その現象の「錯視らしさ」が減るのかもしれない。それによって、だまし絵は錯視とは異なるもののように思えるのかもしれない。もし、そのとおりであるなら

ば、錯視はその機能性が明らかでない現象を指す傾向にあるということになる。

　Q3：錯視は何かの役に立つのですか？
　A3：いろいろなことに役に立つと考えている。筆者は具体的な提案をいくつかしているが、採用例はまだない。科学的知識を応用するためには、その応用が期待される領域においてどのようなニーズがあるのかを十分調査し、その領域の人たちがピンとくるような表現で応用可能性を提案する必要があるが、実験心理学という井の中に筆者はいて、それらをまったく実践できていないのであろう。錯視研究者の人口も多いとは言えない。今後の課題である。

【参考文献】

Shapiro, A., Hedjar, L., Dixon, E., & Kitaoka, A. (2018). Kitaoka's tomato: Two simple explanations based on information in the stimulus. *i-Perception, 9*(1), January-February, 1-9.

2章　発達の二大理論と次にくる理論

ピアジェの発達段階説とヴィゴツキーの
社会的相互作用説

上原　泉

　子どもの発達に関する相対する二つの理論として、すぐに思い浮かぶのは、ピアジェ（Jean Piaget）とヴィゴツキー（Lev Semenovich Vygotsky）の理論である。ピアジェの理論が、個人内の認知発達の過程に焦点をあてているのに対して、ヴィゴツキーの理論は、社会的交流が発達に及ぼす影響に重きをおいている。ピアジェは、発達を単純な成熟過程とはとらえていなかったが、個人間で共通しておおよその年齢に沿った段階を経て、認知能力が発達していくという考えを有していた。それに対してヴィゴツキーは、他者と交流する中で子どもは言葉やコミュニケーション力、さらには内的思考も発達させていくという発達観を有していた。この二つの理論は、これまでもよく比較され、今更感があるかもしれないが、いまだに、子どもの発達研究における二大理論に変わりはなく、発達研究に影響を及ぼし続けていることから、本章では、この二人の主要な説に焦点をあてることにした。

　本章では、まず、ピアジェとヴィゴツキーの主要な説について、実際の子どもの行動や近年の知見との関連を示しながら説明し、各説に基づく教育的実践を紹介する。次に、ピアジェとヴィゴツキーの間で直接的になされた論争に触れ、その争点や違い、その意味することについてまとめる。最後に、この二大理論を含む諸発達理論に欠けていた視点と新たな研究の方向性について述べたい。

1 ピアジェの理論

　ピアジェの理論の中核をなすのは、構成論的考え方である。ピアジェは、子どもを、単に外界の情報を受け入れるだけの存在ではなく、外界と相互作用をしながら自ら構成していく能動的な存在ととらえ、発達を、シェマ（認識の枠組み）、同化（適応）、調節、均衡化（安定した状態）をキーワードに、段階的な均衡化を経て成長していく過程として説明した（Piaget, 1964）。子どもは、外界からの情報を自分のシェマにあわせて理解しようとするが、矛盾が生じた場合は、シェマの方を変えて、外界の情報に同化し調節していくという。このように、外界と相互作用しながら、段階的に、より高次の認知的な均衡状態に到達しながら発達していくとの考えに基づき提唱されたのが、認知の発達段階説である（Piaget, 1970）。

1-1　発達段階説 ── 実際の子どもの行動や近年の知見との関連

　ピアジェは、感覚運動期（0〜2歳頃）、前操作期（2歳頃〜7歳頃）、具体的操作期（7歳頃〜11歳頃）、形式的操作期（11歳頃〜14、15歳頃）の4段階からなる発達段階説を提唱した。各段階の特徴を、実際の子どもの行動や近年の知見との関連も含め、順に説明する。

　感覚運動期は、言葉や表象によってではなく、感覚や身体の動きを通して、周囲の世界を直感的に認識する時期とされている。生後しばらくは反射的行動が多いとされ、実際、原始反射が顕著にみられる時期である。徐々に、自分の身体を見る、触れるという行為を頻繁に行うようになる。自分の身体領域を把握していると考えられている。続いて、周囲のモノや人へ働きかけるような行動が増え、働きかけた結

果に関心を持つようになるとされる。実際、生後半年を過ぎて、お座りやはいはいが始まると、わざと物を落として試すといった行動が日常的に見られるようになる。その後、目標志向的な行動が増え、感覚運動期の終わり頃（1歳半頃）になると、対象の永続性（自分の視界に入らず触れられないものも存在し続けるということ）を意識するようになり、短時間であれば一人で遊べるようになる。子どもと養育者の間で安定した愛着関係が築かれ始める1歳前から、対象の永続性の概念が十分形成されていないとされる1歳過ぎまでは、視界に養育者が入らないと大騒ぎし、養育者の後を常についてまわることがよく見られる。

　1歳過ぎに初語を話し始め、次第にさまざまな言語的表現を獲得し、象徴機能（ある事物を別の事物や記号などに置き換えて認識すること）が増える。表象や言葉、象徴機能を通して、外界を認識するようになると、前操作期に移行するといわれる。前操作期は、4歳頃を境に前概念的思考段階と直観的思考段階に分けられている。前概念的思考段階は、見たてやふり遊びが増えてくる時期とされるが、概念化が十分ではなく、言葉や知識が概念に基づいて整理されてはいないとされる。また、この時期は自己中心性が強く、他者の視点から物事を認識することができないとされている。この点は、4歳頃までは心の理論が獲得されていないとする知見と合致する（Wimmer & Perner, 1983他）。直観的思考段階になると、自己中心性からの脱却と概念化が進み、概念に基づく思考が可能になってくるが、事物の操作や変化の心的表象、論理的思考が十分できないため、見た目や知覚的な特徴に惑わされやすい。その思考の未熟さがよく現れる課題に、保存課題がある。

　保存課題とは、同じサイズのコップ二つに等しい液体量が入っていることを子どもに確認させた後すぐに、子どもの目の前で、そのうちの1つのコップの液体を、断面積の小さい細長いコップに入れ替えて、どちらが多いかを子どもに尋ねるという課題である。前操作期の子ど

もは、細長い入れ物に入れ替えたときに液体が上昇することから、細長い入れ物に入っている液体の方が多いと答える。同じ量や数、重さのものは、入れ物や並び方、形状が変わっても、その量や数、重さは変わらないということを前操作期では理解できないが、具体的操作期になると理解できるようになるとされている。ただし、面積、体積等に関する保存課題ができるようになるのは、算数の学習進度に依存し、少し後になる。具体的操作期は、操作や変化を具体的にイメージしやすい内容については、論理的な思考ができるようになってくる時期とされている。

　また、自己中心性から脱却できていない証拠として、三つの山問題への反応が知られている。三つの山問題とは、三つの大中小と大きさの異なる山が配置されている立体模型を、異なる角度から見た場合にどう見えるかを問う問題（Piaget & Inhelder, 1948/1956）で、前操作期の子どもは自分の見ている位置から見える山の配置しか正しく選択できない。脱中心化が進み、他者からの見え方や他者の心をより正確に理解できるようになる具体的操作期になると、徐々に答えられるようになるものの、想定する位置によっては、その見えを想像することに困難を示す。日本の児童では、すべての方角からその見えを正しく想像することは、具体的操作期でも難しいことが示されている（田中, 1968）。

　具体的操作期は、7，8歳頃の第一段階と、9，10歳頃の第二段階に分けられ、具体的な内容に限られるとはいえ、第二段階の時期には因果的な推論や空間的な内容の思考が可能になるとされている。ちょうど、この9，10歳頃の時期に、それ以前は、○○さんがこう思っているに違いないという、一次的信念の理解にとどまっていたのが、「『Aさんは△だと思っている』とBさんが推測している」といった入れ子構造的な他者の心理状況の推測（二次的信念の理解）が可能になることが知られている（Perner & Wimmer, 1985）。

この後の、形式的操作期になると、形式的論理や比例概念、演繹的な推論を理解し、抽象度の高い内容について、論理的思考ができるようになるとされている。当初は、14，15歳頃までの時期とされていたものの、後に、論理的思考は、14，15歳頃に完成するとはいえず、成人期まで発達し続ける、あるいは、必ずしも完成には至らないと言われるようになった。

1-2　ピアジェの説と教育、実践との関係

ピアジェの段階説は、ヴィゴツキーの説が受け入れられるようになる前から、支持され続けてきた。子どもの日常的な活動や認知機能と関連づけられた具体例が多く述べられ、目安となる発達過程が示されているからだと思われる。1歳頃にみられる視界に入らないと不安を示す行動（対象の永続性の概念の発達に関連する行動）、保存課題における各年齢帯に特徴的な行動などは、実際に多くの社会で共通してみられる。また、多くの社会で、保存課題の理解、因果性の理解、仮説演繹的な推論が可能になるとされる発達段階にあわせて、学校での教科教育が組まれている。ピアジェの段階説が示す発達の道筋が多くの社会で共有されているようにみえるからこそ、普遍的な理論として支持されやすく、教育への応用が、多く試みられてきたのだと思われる。近年、本邦で推進されつつある、協同（協働）学習の意義についても、他者の考えに触れることで、自らのシェマを変えて知識構造を発達させるという、ピアジェの理論が根拠とされている（岩田, 2011）。

ピアジェの理論に基づく実践的取り組みは、おおよそ、知的発達により重きをおくものと、子どもの自発的な活動により重きをおくものに分けられる（稲垣, 1979）。前者は、明示的に指導することにより、知的発達が早期に進むよう促す取り組みであり（言葉を先取りして教える等）、早期教育的視点が強い。後者は、いわゆる、カミイに代表

される取り組みである（カミイ・加藤, 2008）。

　カミイが推奨した幼児教育カリキュラムは、単に子どもの発達を待つのではなく、子どもとの交渉を通じて作りあげていくものとし、子ども自らで知識を構成していけるよう働きかけ、次の発達につながるような環境づくりや、遊びの実践を推奨している。具体的には、ごっこ遊びや物と関わる遊び（積み木・遊具遊び、工作等）、集団遊びを通して、子ども自らで変化を実体験し、関連づけ、社会ルールを学べることを指摘し、そうした遊びを推進するための手法を説明した。これらは、児童期以降の学習的側面（個々の知識はばらばらではなく関連づけてまとめられ構造化される等）にもつながっていくという（カミイ・加藤, 2008）。カミイらの実践は、近年支持を集めている、レッジョ・エミリアの教育実践にも通ずるものがある。

2　ヴィゴツキーの社会的相互作用説

　ピアジェの段階説は、周囲からの影響はあまり考慮されておらず、個人内に閉じた説との批判がよくなされる。これに対し、社会的な交流を考慮した説を展開したのが、ヴィゴツキーである（Vygotsky, 1934）。ヴィゴツキーは、その時点の社会のみならず、代々受け継がれてきた社会文化的な影響を重視し、そこで形成されてきた道具である言語を介して行われる他者との交流が人の思考力を高め、発達を促すと説明する。また、人格発達については、社会環境との関係性の中で、各年齢時に質的な構造変化をとげながら、発達していくと述べている（ヴィゴツキー［土井・神谷監訳］, 2012）。

　ヴィゴツキーの理論の中核をなす、子どもは独力で発達するわけではなく、他者との交流により発達が促されるという考えが、養育や教育のあり方に示唆することは多い。ただ単に、成人が子どもに教え伝

えればよいという話ではなく、子どもの発達状況にあわせた、よりよい働きかけを重視しており、それがよく現れているのが、発達の最近接領域という概念である（ヴィゴツキー［土井・神谷訳］, 2003）。

2-1　発達の最近接領域
── 実際の子どもの行動や近年の知見との関連

　発達の最近接領域とは、子どもが、誰の援助も得ずに自力で達成できる水準（現在の水準）と、子どもが他者からの指導や援助を得る、あるいは、他者と一緒に行うか他者の模倣をすることにより達成できる水準（明日の水準）には差があり、この差の範囲のことを指す。

　子どもがテストで獲得した点数は、その内容に対する子どもの理解度合いや達成度合いを指す指標と通常みなされる。学校がある社会では、その達成度や理解度合いが随時測られ、点数が低い場合には、どの部分の理解が足りなかったのかという視点から、学習のふり返りや学習法の見直し等をすることになる。ただし、その際に、できたところと、できなかったところをチェックしただけでは、どう学習し直したらよいのかや、個々の子どもに適した指導法について、一概には判断できない。同じできなかったところでも、まったくわかっていないのか、少しヒントがあれば解けるレベルなのかにより、適切な学習法は変わってくるからである。テストで同じ点数をとっている子どもの間で、その背景にある理解の度合いが必ずしも同じではないことを意味する。少しの補佐により達成できる水準を把握することで、より適した学習法や指導法がみえてくるというのが、ヴィゴツキーが発達の最近接領域により示唆した点である。

　ヴィゴツキー自身は、この概念の検証を十分に行えなかったが、後年の研究者たちが検証している。その一つが、ワーチらが親子に行わせたパズル課題である（Wertsch, McNamee, McLane, & Budwig, 1980）。

親が子を援助してよいという状況下で、子にパズル課題をさせたとき
の親子の様子を観察すると、年少の子どもには、親が手を貸す割合が
高く、子どもが年長になるほど、親の援助の割合は減り、子どもは自
力で行う割合が高かったという。親は子どもの発達状況にあわせて、
子どもへの手がかりの与え方や援助のしかたを変えていたのである。

2-2　ヴィゴツキーの説と教育、実践との関係

　ヴィゴツキーの説への実践領域からの関心は高い。他者の影響の及
ぼし方、他者との協力のあり方、また、学習指導のあり方に関する話
につながりやすいからである。欧米で、ヴィゴツキーの理論に基づく
乳幼児カリキュラムが開発されている（岡花, 2020）。他者との交流を
念頭に、対話、プロジェクト活動、異年齢グループ、ナラティブ、遊
び、話し言葉・書き言葉等のいくつかに重きがおかれた実践が展開さ
れている。近年、協同（協働）学習やアクティブラーニングが推進さ
れている本邦においても、ヴィゴツキーの理論に基づく実践が行われ
ている。その例として、小学校5年生の国語の物語読解における、班
活動での対話、紙芝居による表現、フィードバック等の効果の検証
（皆川・横山, 2018）、小学校4年生の外国語活動における、英語表現に
関する班活動、ペアや学級で伝え合う活動、外国人との交流、班発表
等の実践、mediation（媒介行動）の検証（柴田・亘理, 2021）が挙げら
れる。
　また、ヴィゴツキーは個人の人格面での発達過程については、社会
的相互作用を前提としつつ、新形成物が、年齢とともに取って代わら
れていく中心的発達路線と、副次的発達路線を想定し、そこに、安定
期と危機的局面の質的変化を絡めた発達観を提起している。就学前の
新形成物である遊びが、学齢期になると、学びに取って代わられると
説明する（ヴィゴツキー［土井・神谷監訳］, 2012）。

レッジョ・エミリアの主体的な探求心や創作活動に重きをおく保育理念への関心は近年高いが、その主体的な活動の延長線上に、学びが位置づけられている。この幼少期の主体的な遊びや活動のあり方がその後の学習のあり方につながるという考え、子どもの活動の見守り方や支援のしかたに関する考え方に、ヴィゴツキーの説からの影響が少なからずあるようにみえる。

　以上のとおり、ピアジェの説とヴィゴツキーの説は、質的に異なっているようにみえるが、応用されている実践的な内容は類似し、よりよい発達や到達を目指す教育的活動に結びつけられている点は共通している。

3　ピアジェの説 vs. ヴィゴツキーの説

3-1　子どもの独り言とは？
── 外言、内言の発達に関する論争

　ピアジェとヴィゴツキーの考えの違いがよく現れている論争に、学齢期前後の子どもの独り言に関する論争がある。

　当初、ピアジェは、子どもの独り言を自己中心的言語と称し、自己中心的すぎるあまりに、自分の内面を他者の立場にたってうまく伝えることができず、コミュニケーションが十分機能していない現象の1つととらえた。脱中心化により、他者の立場にたった物の見方が可能になるにつれ、他者を意識した、より社会性を伴った言語を話せるようになると考えていた。

　これに対して、ヴィゴツキーは、他者とのやりとりのために発せられる言語（外言）が先に発達し、思考するときに心の中で発する言葉（内言）は後から獲得していく、すなわち、言語を完全に内面化して

頭の中で言語的に考えられるようになるのは学齢期半ば以降で、自分の頭の中で考えるときの道具として言語が使われるようになっていく発達の過程（内言が可能になっていく過程）で、思考のための言語が内面化されきれずに表出されるのが独り言であると解釈し、内言が発達してくると独り言は減ると説明した。自分が知らない外国語を話している集団内で課題に取り組んでいる際に、子どもが表出する独り言の割合が少ないことをヴィゴツキーは指摘し、この論争は、ヴィゴツキーに分があるような印象を与えた。この外言と内言に関する説には、他者との交流（精神間機能）を通じて思考（精神内機能）が発達するという、ヴィゴツキーの根幹をなす考えがよく現れている。

ヴィゴツキーからの批判後、数十年近く経過して、この解釈の違いに関してコメントをもとめられたピアジェは、子どもの自己中心性について説明するとともに、ヴィゴツキーとの社会性、社会化の解釈の違いと、両者は必ずしも相反する見解ではないことを述べ、ヴィゴツキーの指摘を包括した発達過程を論じている（神谷, 2011）。

3-2　二つの理論はどちらが有用か？ 本当に相反するのか？

二つの理論のバトルという視点から見ると、内言と外言に関する論争では、ヴィゴツキーに軍配があがりそうだが、ピアジェによる自己中心的視点への着目は、この時期の幼児の特徴をよく捉えていることは否めない。また、ピアジェの段階説が示唆する発達過程が、学校がある社会においてある程度共有されうる内容になっている点で、その有用性は際立ってみえる。

ピアジェの理論は、ヴィゴツキーの理論と比して、生得説よりにみえるだろうが、実際には生得説と経験説のちょうど中間の立場であり、均衡化という概念を核としている。一方、ヴィゴツキーは、社会的相互作用に重きをおいた経験論者に一見みえるが、自然的発達と文化的

発達を想定した論も展開し、生物学的視点も持ち合わせていた（神谷，2011; ヴィゴツキー［土井・神谷監訳］, 2012）。そういう意味では、両者の理論は、対決するように相反しているわけではない。要は、どこにより重きをおいて説明しようとしたかに違いがあると言えよう。二つの理論のどちらが有用かという議論は確かにある。研究者によって、その見解は分かれるところであろう。いずれの説も、教育現場や実践に生かしうるような、的を射ている部分があるからこそ、いまだに二大理論として引用、議論されることが多いのだと思われる。

3-3　二極的な見方を超えて

発達心理学領域の相対する説として、二大理論であるピアジェとヴィゴツキーに焦点をあてたが、本領域において古くからよく議論されてきた、相対する見方は他にもある。主なものに、領域固有性と領域一般性（個々の認知活動は固有のメカニズムに基づくのか領域横断的なメカニズムに基づくのか）、生得論と経験論（遺伝か環境か）がある。この二つの組み合わせにおいても、近年は、心理学のみならず、脳科学の知見やエピジェネティクスの話からして、どちらか一方が絶対的に優位という極端な見方は減り、多少どちらに重きをおくかで違いはあるものの、大方の研究者はその間の立場をとるようになった。二極的な対立構造のみでは、人の発達過程をとらえきれないとの考えが共有され、むしろ、（一見相対する）二つの要因が、どの程度どう絡みあっているのかという視点からの追究が主流になりつつある。どちらの（どの）理論がより説明力があるかという視点は時として必要だが、各理論の利点や難点を見極め、それらをどう生かすかという視点が、実践への応用においては有用だと思われる。

ピアジェとヴィゴツキーの理論を含む発達に関する理論において、十分に議論されてこなかった部分がある。最後に、今後もとめられる

新たな視点について言及する。

4　これまでの理論や実践に足りなかった視点と今後の研究

　発達理論全般において、発達過程というと、当たり前のように「できるようになる過程」ととらえられてきた。実践面においても、知的能力を向上させるにはどうすればよいか、また、近年は、いわゆる非認知能力（社会性やコミュニケーション能力等）を向上させるにはどうすればよいかといった点への関心が高い。しかし、人が発達していくうえで、できるようになることだけが重要なのだろうか。確かに、諸能力が高いことは、後の社会での活躍や出世につながる可能性が高く、望ましいことかもしれない。とはいえ、それらさえ達成されれば幸福かといえば、そうとは限らない。心地よくポジティブに生きるための術、落ち込んだときに自らポジティブになれる力、楽しく過ごせる術といった、精神的健康力や維持力も必要ではないだろうか。そうした術や力をどう発達させていくかといった視点が、これまでの理論や研究で欠けていた。

　この力を発達させるには、人の発達のどの側面に着目すればよいのか。筆者は、学齢期前の子どもが多くの時間を費やす、遊びやナラティブに焦点をあて追究するのがよいのではないかと考える（上原，2020）。遊びは、生きていくために必須でもなければ、何か得をするから行うわけではない。遊びには目標や勝ち負けが伴うこともあるが、多くの場合、楽しむために遊ぶ。遊びは、ポジティブな心的状況の追求という点で、心的活動の推進力となりうるだろう。ナラティブとは物語ることを意味するが、多くの場合、日常的な出来事を語ることを指し、他者との関係性の維持や確認、自己の経験の整理や意味づけ、

ストレス発散、落ち着く等のために行う。できる限りポジティブに自己の経験を物語的にまとめることにより、心理面での安定につながるだろう。ポジティブなナラティブを行うことが、精神的健康に関連することは近年の成人の研究で知られている。遊びもナラティブも幼児期の発達が著しく、心地よく生きていくことに関わっているように思われる。これらに焦点をあて、自らポジティブになれる、楽しく過ごせるといった、精神的な健康を維持する力の発達に焦点をおいた理論形成と検証が、今後の新たな方向性と考える。

このような視点から、遊びのあり方や効果を検討してきた知見はほぼないが、石橋・上原の知見が、よりよい遊びのあり方を示唆しているかもしれない。石橋・上原は15〜35か月を対象に、最初に身体サイズの玩具（すべり台、車等）で遊ばせ、その数分後に、同じ玩具をミニチュアサイズに変えたときの遊び方の変化を調べた（Ishibashi & Uehara, 2020）。その結果、ミニチュアサイズの玩具に対しても、身体サイズの玩具に対するのと同様の接し方をした幼児（スケールエラーを示した幼児）は不機嫌になり、ミニチュア玩具を拒否する傾向を示したのに対して、ミニチュアサイズに変わった際に遊び方を変えた幼児は、ふり遊びを楽しく、より多く行う傾向を示した。この結果は、柔軟にいろいろ遊べることが、状況の変化や飽きに対応でき、自ら楽しい状況を維持し続けられることを示唆している。遊びのレパートリーを増やし、さまざまな遊びを創出していけるよう、子どもの興味や関心にあわせて環境を整えることが有用かもしれない。

子どもの時期に、自らが関心をもって楽しめるようなことを創出し、自分にとってよりよいナラティブを行えるようになることは、生涯にわたる心理的ウェルビーイングにつながっていく可能性が高い。ポジティブに人が生きていくための術として、遊びやナラティブがどう機能しうるかを検証し、その育成に重点をおく理論の構築が、今後の研究の方向性の一つと考える。

Q1：自立心、統制心を育てるためには、赤ちゃんに我慢をさせたほうが
よいのでしょうか?

A1：我慢できるようになるのは、幼児期半ば以降であることから、赤ち
ゃんに我慢させるのは苦痛でもあり、適切ではない。我慢するということ
がわかってきた時期以降は、自制心、統制心を培ううえで、社会ルール上
あるいは他者への配慮のため、また、すべて自分の思いどおりにはいかな
いことを理解させるために、我慢させるという経験はある程度必要だろう。
精神的自立は、心理的離乳時期にあたる思春期とされるが、そこに至るま
での間には、さまざまな要因が関与し、発達には個人差がある。心理的に
自立し、自分を統制できるようになるためには、自らで自らの精神を落ち
着かせられるほどの、精神面での安定が前提となると思われる。幼少期は、
安心感（今回扱わなかった愛着理論に関係するが）に加え、今後追究すべ
き点として述べたように、探索や遊びを自由に行い、充実感を伴う楽しい
経験を積み重ねることで、精神的な安定さを獲得していく必要があるので
はないかと考える。

Q2：絵本の読み聞かせは、知能を育てるのに有効ですか?

A2：読み聞かせにより、短期的には、字の読みを促す等を示す報告はあ
るが、知能の向上に直結することを示す知見は見当たらない。成績がよい
児童の幼少期を遡って調べると、読み聞かせが多くなされていたという知
見は散見されるが、読み聞かせが単独で、後の知能の高さに関与している
可能性は低い。本章で扱った二つの理論を考慮しても、読み聞かせ時に、
子ども側の能動的な関わりや相互作用がないと、子どもの知識獲得等には
つながらないだろう。また、そこには、さまざまな要因が関与している。
読み聞かせをよく行える養育環境や、読み聞かせをする養育者が行う他の
養育行動、また、養育者の気質やパーソナリティ、通っている保育機関や
住環境等である。

Q3：知育おもちゃは知能の発達に有効ですか？　一般的に、早期教育は有効ですか？

A3：知育おもちゃ単独で、後の知能の高さに関与する可能性は低いだろう。本章の二つの理論に基づくと、一方的に与えても、子ども側が能動的に関わらなければ、あまり意味がない。今後の新たな視点に即していうと、おもちゃは、子どもが楽しんで遊べるかが重要だと思われる。比較的長い時間楽しんで遊べるのであれば、長い時間楽しめるだけの要素がそのおもちゃにあるか、あるいは、そのおもちゃを、子どもが工夫して使えているからこそ、長時間楽しめていることを意味する。どれくらいうまくそのおもちゃで遊べるかが、精神的充実感とともに、その後の遊び方の工夫や好奇心につながり、そうした経験を積み重ねていく中で、派生的に、後の学びや知育にもつながっていく可能性の方が大きいと思われる。

早期教育に関しては、時代によって、どんな能力を向上させるのが望ましいかは変わるだろうし、何を学ぶのがその子どもに適しているのかは一概には言えない。早期教育の進め方によっては、子どもの関心の範囲を狭め、その子どもが本来持っている関心事の学びの機会を奪い、発達できる可能性を狭める可能性もある。さまざまな可能性を考慮して環境を整え、子どもの楽しさ、充実感を満たすことのほうが、後の学びや知的能力の発達を支える精神的安定につながる意味で、優先されるべきではないかと考える。

【参考文献】

稲垣佳世子 (1979).「カミイの幼児教育論」『千葉大学教育学部研究紀要』*28*(1), 87-101.

Ishibashi, M., & Uehara, I. (2020). The relationship between children's scale error production and play patterns including pretend play. *Frontiers in Psychology, 11*: 1176. doi: 10.3389/fpsyg.2020.01776

岩田好司 (2011).「フランス語教育と「協同学習」:「学びの共同体」づくり」*Revue japonaise de didactique du français, 6*(1), 57-72. https://doi.org/10.24495/

rjdf.6.1_57

カミイ，C.・加藤泰彦（編著）(2008).『ピアジェの構成論と幼児教育 I：物と関わる遊びをとおして』大学教育出版.

神谷栄司 (2011).「ジャン・ピアジェのヴィゴツキー理解について、あるいは、コメンテールのコメンテール」『京都橘大学研究紀要』*38*, 228-204.

皆川直凡・横山武文 (2018).「子どもの最近接発達領域を考慮した授業構成の検討：小学校第5学年国語科における実践を踏まえて」『鳴門教育大学学校教育研究紀要』*32*, 37-44.

岡花祈一郎 (2020).「ヴィゴツキー理論に基づく乳幼児教育カリキュラムの比較検討」『琉球大学教職センター紀要』(2), 31-39. http://hdl.handle.net/20.500.12000/45505

Perner, J., & Wimmer, H. (1985). 'John thinks that Mary thinks that . . .': Attribution of second-order beliefs by 5- to 10-year-old children. *Journal of Experimental Child Psychology, 39*, 437-471.

Piaget, J. & Inhelder, B. (1948). *La Representation de l'Espace chez l'Enfant.* Paris: Presses Universitaires de France. (Translated by F. J. Langdon, & J. L. Lunzer [1956]. *The Child's Conception of Space*. London: Routledge & K. Paul.)

Piaget, J. (1964). *Six études de Psychologie*. Genéve: Gonthier. 〔滝沢武久（訳）(1968).『思考の心理学：発達心理学の6研究』みすず書房.〕

Piaget, J. (1970). *L'épistemologie Génetique*. Paris: Presses Universitaires de France. 〔滝沢武久（訳）(1972).『発生的認識論』白水社.〕

柴田和樹・亘理陽一 (2021).「ダイナミック・アセスメントに基づく小学校英語授業の談話分析」『静岡大学教育実践総合センター紀要』*31*, 218-228. http://doi.org/10.14945/00027920

田中芳子 (1968).「児童の位置関係の理解」『教育心理学研究』*16*, 87-99.

上原泉 (2020).「子どもにおけるナラティブと遊び」（日本理論心理学会理事会企画「統一テーマ：心理学理論の楽しみと有用性」内、オンデマンドビデオ講演）. 日本理論心理学会第66回大会，帝京大学，2020年12月7日-20日オンライン公開.

Vygotsky, L. S. (1934). Мышление и речь.〔柴田義松（訳）(1962).『思考と言語』明治図書.〕

ヴィゴツキー著〈講義収録集〉／土井捷三・神谷栄司（監訳）(2012).『「人格発達」の理論：子どもの具体心理学』三学出版.

ヴィゴツキー著／土井捷三・神谷栄司（訳）(2003).『「発達の最近接領域」の理論：教授・学習過程における子どもの発達』三学出版.

Wertsch, J. V., McNamee, G. D., McLane, J. B., & Budwig, N. A. (1980). The adult-child dyad as a problem-solving system. *Child Development, 51*, 1215-1221.

Wimmer, H., & Perner, J. (1983). Beliefs about beliefs: Representation and constraining function of wrong beliefs in young children's understanding of deception. *Cognition, 13*, 103-128.

3章 パーソナリティ特性はいくつあるのだろうか

理論と予測 小塩真司

　パーソナリティは個人の内に仮定される、心理的な個人差概念である。人間のパーソナリティを把握しようとする試みの歴史は2000年以上の歴史をたどることができるが、統計的な手法を用いて数量的な表現が試みられてきたのは100年間程度である。またパーソナリティはその長い歴史のなかで類型的に把握されてきたが、近年では特性的な表現が用いられることが多い。そして、ビッグファイブ（Big Five）と呼ばれる、パーソナリティ特性を五つの次元で把握するモデルが心理学の学問領域以外でも広く知られている。しかしながら、ビッグファイブが決定的なパーソナリティ特性もモデルだと言えるのかどうかについては、いまだに議論の余地が残されている。本章では、パーソナリティ特性にはいくつの次元を想定するのが適切であるかという議論を通じて、人間の基本的な捉え方について考察していく。そして、三つの質問への回答を試み、パーソナリティの理解を深めていく。

1　パーソナリティ概念とは

　パーソナリティ（性格）とは何だろうか。たとえばアメリカのパーソナリティ心理学者オールポートはパーソナリティを、環境に対するその人の独自な適応を決定する、個人の中にある精神物理学的なシス

テムの力動的な機構であると述べている（Allport, 1937）。この定義に
よればパーソナリティは個人の内側にあることが仮定される、何らか
の機構であるとされる。ここで機構と表現されているように、パーソ
ナリティそれ自体に何らかの内部構造が想定されている。

　パーヴィンは、より包括的なパーソナリティの定義を示している
（Pervin, 2003）。それは、人の生活に方向性と一貫したパターンをもた
らす認知・感情・行動の複雑な体制であり、身体のように構造とプロ
セスをもち、遺伝と環境の両方を反映し、さらに過去の影響や過去の
記憶も含むものであり、同時に現在や未来の状態も含むもの、という
ものである。ここでもやはり、パーソナリティは何らかの複雑な構造
をもつものであり、その構造は遺伝と環境の両方からの影響によって
形作られ、過去の経験だけではなく将来の予測など多くの要素が合わ
さった複合体のような印象のものとなる。

　渡邊（2010）は、パーソナリティを人がそれぞれ独自で、かつ時間
的・状況的にある程度一貫した行動パターンを示すという現象、およ
びそこで示されている行動パターンを指し示し、表現するために用い
られる概念であると定義している。パーソナリティにはさまざまな定
義があるが、個人の内部に仮定される概念であり、何らかの外部の結
果を説明するものであるという点は共通していると言えよう。

2　ビッグファイブ・パーソナリティ

2-1　語彙仮説

　人間を形容する言葉は、その集団内で用いられている言語の一部と
して用いられるはずだという仮説を、基本語彙仮説（語彙仮説とも言
う）と呼ぶ。この仮説に基づく研究のことを心理辞書的研究と言うが、

この考え方に従って、辞書から単語を抜き出し、整理する中で基本的なパーソナリティ特性が見出されてきた。

　オールポートとオドバートは、辞書から人間を形容する語を抽出し整理する中で、パーソナリティ特性を表現する単語として4,504語を報告した（Allport & Odbert, 1936）。その後の研究者たちはこの単語を整理する中で、パーソナリティ特性がいくつのまとまりで構成されるのかを検討していった。

　この一連の研究の中で用いられたのが、知能の研究に伴って発展してきた因子分析と呼ばれる多変量解析手法である。因子分析では、それぞれの単語について評定された得点間の関連を集約し、その背後に共通する因子を仮定する。そして、単語を複数のグループに分類していく。これは、まさに多くの単語をより少数のまとまりに「類型化する」という試みにほかならない。

2-2　五つの特性

　1960年代から90年代にかけて、研究者たちは繰り返し、五つの因子を見いだすようになってきた。トゥーペスとクリスタル（Tupes & Christal, 1961）は複数のデータセットに共通する高潮性、協調性、信頼性、情緒安定性、文化と名づけられた五つの因子を報告した。その他にもノーマン（Norman, 1963）、ディグマンとタケモト、チョク、ゴールドバーグ（Goldberg, 1992）も、因子名は異なるもののおおよそ同じような因子を見いだしていった。

　現在、世界中の研究者にもっともコンセンサスを得ているパーソナリティのモデルは、ビッグファイブだと言えるだろう。このモデルは、活発さや刺激を求める傾向を表す外向性（Extraversion）、感情の不安定さや否定的な感情の抱きやすさに関連する神経症傾向（情緒不安定性; Neuroticism）、知的好奇心や新規な体験を希求する開放性（経験へ

の開放性; Openness)、他者を優先し信用しやすい協調性（調和性; Agreeableness)、そしてまじめで計画的な傾向を表す勤勉性（誠実性; Conscientiousness) という五つの特性で人間のパーソナリティ全体を記述する（Goldberg, 1992)。これら五つのパーソナリティ特性は程度で表現され、それぞれが互いに緩やかに関連しつつも独立した意味をもつものとされる。

3　ビッグファイブに対する批判

　しかし、ビッグファイブに対しては批判も存在する。ここでは、三つの観点から整理してみたい。

3-1　理論の欠如

　第一の観点は、ビッグファイブには理論が欠如しているのではないかという批判である。

　たとえばアイゼンク（Eysenck, 1967)は、基本的なパーソナリティの次元として外向性、神経症傾向、そして精神病傾向という三つを想定した。外向性は、個人の指向性が自分の外を向いているか内側を向いているか、神経症傾向は不安の強さを反映する。また精神病傾向は、衝動の自己統制の程度を表す。外向性と神経症傾向はビッグファイブに対応しており、精神病傾向は協調性および勤勉性と負の関連を示す。アイゼンクは、ビッグファイブの五つの次元が相互に独立とは言えず、また五つの因子の背景にある神経学的な根拠があいまいである点を指摘し、根源的な次元はより少ないという点を強調した（Eysenck, 1992)。

　アイゼンクのモデルを脳神経活動の面からより洗練させたものが、

BIS/BASモデルである（Gray, 1987）。このモデルでは、内向的で神経症傾向が高い位置に行動抑制系（BIS）、外向的で神経症傾向が高い位置に行動賦活系（BAS）という二つの基本的な次元が想定されている。

またクロニンジャーは、精神医学の観点から精神障害に特有のパーソナリティを説明するために、独自の理論を構築した（Cloninger, Svrakic, & Przybeck, 1993）。この理論では、四つの気質と七つの性格で、人間の基本的なパーソナリティ構造を捉えようとしており、各次元について脳内の神経伝達物質や精神病理との対応が論じられている。

アイゼンク、グレイ、クロニンジャーのモデルはいずれも、それぞれのパーソナリティ次元が神経科学的な基盤に対応づけられている点が特徴的である。それに対してビッグファイブは、背景にある脳内プロセスがあいまいであり、それぞれの次元やレベルが異なる個人差を表現しているように見える。

3-2　因子数の妥当性

基本語彙仮説に基づいて研究を行い、ビッグファイブとは異なる因子を見いだした研究も存在する。たとえば、HEXACO（ヘキサコ）モデルは一時期、ビッグファイブに置き換わるパーソナリティモデルとして期待されていた（Ashton & Lee, 2001）。

HEXACOモデルでは、次の六つの特性を基本的な次元とする。

H（Honesty-Humility）：正直さ − 謙虚さ

E（Emotionality）：情動性

X（eXtraversion）：外向性

A（Agreeableness）：協調性

C（Conscientiousness）：勤勉性

O（Openness to Experience）：開放性

これらの名称を見てわかるように、HEXACOモデルではビッグファイブに相当する次元にH因子が加わったかたちになっている。ただし、単に追加されたわけではなく、この因子が追加されたことで他の因子の内容についても多少の変更点が存在する。

　H因子は、不正を行わない、私利私欲を追究しない、自慢をしないなど、正直で謙虚な内容で構成されている。そして、サイコパシーやナルシシズム、マキャベリアニズムといった、利己的な特徴を表すパーソナリティ特性と負の関連を示すことで知られている。

　H因子は、従来のビッグファイブとは対応しない独自の要素であると主張されている。もしも特性用語を整理する中でビッグファイブがこの因子を見逃しているのであれば、人間のパーソナリティ特性を過不足なくまとめることを目的としているビッグファイブにとっては、大きな問題となりうると考えられる。

3-3　外部変数の予測

　ビッグファイブが見いだされてから数十年が経過し、現在までに心理学内外の研究分野でこの五つの特性の枠組みは非常に広く用いられてきた。そして、これらの特性が日常生活と結びついていることも示されてきた。たとえばメタ分析によってビッグファイブと学業成績との関連を検討した研究では（Poropat, 2009）、勤勉性と開放性が学業成績に関連しており、さらに勤勉性で見られた関連の大きさは、知能指数と学業成績との関連に匹敵するものだったということが報告されている。また勤勉性は職業パフォーマンスにも関連しており（Wilmot & Ones, 2019）、社会生活において重要な活動領域に関連する様子が報告されている。

　また心身の健康についても、ビッグファイブとの関連が検討されて

いる。たとえば日本人成人4000名以上を対象にした運動行動とビッグファイブとの関連では、神経症傾向の低さと外向性・開放性・協調性・勤勉性の高さが日常的な運動行動・身体活動量の多さに関連しており、年齢や性別などを統制すると外向性と開放性の高さが活動量に関連していた（上野・小塩, 2019）。さらには、勤勉性の高さがより長い生存率を予測することも報告されており（Friedman et al., 1993, 1995）、脳卒中の死亡リスクが外向性の高さ、冠状動脈性心疾患の死亡リスクが高い神経症傾向に、そして勤勉性の高さは両者の死亡率を押し下げる方向に影響を及ぼすことも示されている（Jokela et al., 2014）。

　これらのように、ビッグファイブというパーソナリティ特性の枠組みは、私たちの生活に密接に結びついているように見える。ただし「どれくらいの関連であるのか」という観点から言うと、心もとない。ここで報告されたビッグファイブと各種の変数との関連の大きさは、相関係数でいえば0.2にも満たないものが多く、中には0.1に満たない報告も存在する。いくら関連が主張されるとしても相関係数0.1程度では、ほとんど現象が説明されないのではないだろうか。

4　批判をどのように考えるか

　理論の欠如、因子数の妥当性、外部変数の予測という3点について、ビッグファイブに対する批判の観点を見てきた。以降では、これらの問題についてどのように捉えることができるのかを考えていきたい。

　まず理論の欠如という観点である。確かに、ビッグファイブの背後には五つの次元を説明する統一的な脳神経科学的プロセスや構造が存在するわけではない。表3-1は、ビッグファイブの各次元における中心的なメカニズムと長短所をまとめたものである。たとえば外向性

表3-1 ビッグファイブのコアメカニズムと利益・コスト
（Nettle, 2007に基づき作成）

特性	コアメカニズム	利益	コスト
外向性	報酬への反応性	報酬を得る	身体的危険，家族の安定欠如
神経症傾向	脅威への反応性	脅威への対処や努力	不安，抑うつ
勤勉性	反応抑制	計画，自己抑制	融通の欠如，自発的反応の欠如
協調性	他者への配慮	調和的社会関係	地位の喪失
開放性	連想の広がり	芸術的感受性，拡散的思考	特異な信念，思考の過剰な拡散

の中心的なメカニズムは報酬への反応性であり、実際に報酬を得る可能性という利益と、報酬を得るために冒すリスクの高さというコストが伴う。神経症傾向の中心的なメカニズムは脅威への反応性、勤勉性の中心は反応抑制、協調性は他者への配慮、開放性は連想の広がりが中心的なメカニズムとなる。これらを見てもわかるように、ビッグファイブの背後に想定されるメカニズムは異なるレベルのものであり、統合的なメカニズムが存在するわけではない。

　ただし、人間の広範な活動を考えたときに、一つのメカニズムだけで多くを説明することができるのだろうかという疑問も浮かぶ。語彙研究から経験的に導かれたビッグファイブには、ある一定の範囲の人間の活動が網羅的に含まれていると考えることが可能である。ビッグファイブの各特性の背後にあるメカニズムが異なっていたとしても、これらのメカニズムが重要だからこそ、言語を介して見いだされたのだと考えることも可能である。

　次に因子数の問題である。ビッグファイブは、その下位にファセットと呼ばれる下位因子を内包しており、上位にビッグファイブをさらにまとめる上位因子が仮定されている。たとえば近年開発された心理尺度であるBig Five Inventory-2（BFI-2; Soto & John, 2017）では、外

向性の下に社交性、自己主張性、活力度、神経症傾向の下に不安、抑うつ、情緒不安定性、協調性の下に思いやり、敬意、信用、勤勉性の下に秩序、生産性、責任感、そして開放性の下に知的好奇心、美的感性、創造的想像力という下位次元が想定されている。また、協調性・勤勉性・情緒安定性（神経症傾向の逆）の上位に安定性（α）、外向性と開放性の上位に可塑性（β）という因子が想定可能であることも知られている（DeYoung et al., 2002; Digman, 1997）。

　ビッグファイブの下位因子と上位因子を考慮すると、あくまでも五つの因子は便宜的なものであると考えられる。極めて多くの単語を整理する中で、少し整理の階層を下ろせばより多くの因子、上げればより少ない因子が見いだされる。このような階層構造の中で、適切な構造を探していく試みは、今後も続ける必要があるだろう。

　では、パーソナリティ特性と現実社会におけるさまざまな変数との関連についてはどうだろうか。確かにこれまでに報告されてきた関連の大きさは、0.1程度から0.3程度であることが多い。では、このような小さな関連には意味がないのだろうか。少なくとも、目の前の人物に何らかの介入を行って、その人物のパーソナリティを変化させ、そこから学業成績を向上させたり寿命を長くしたりする試みはほとんど期待できないであろう。

　その一方で、国や自治体、大企業など数多くの人々が所属する集団で考えれば、たとえ小さな効果でも実際的な恩恵を見込むことができる。たとえば国全体のGPAが1％上昇すれば、その見返りは大きなものになる。このような背景から、特定の心理特性を伸ばしていくという話は、教育や経済における政策の話と結びつきやすいといえる（たとえばヘックマン, 2015）。小さな関連であったとしても、立場によってはその情報を有効に活用することにつながるのである。

　ビッグファイブは、決してパーソナリティ特性モデルの最終決定版というわけではない。ただしこのモデルを用いて数多くの研究が行わ

れる中で、多数の興味深い研究知見が蓄積されている。今後、どこかの段階でビッグファイブとは異なるモデルへと研究全体の流れが移行していく可能性はあるものの、それはこれまでの蓄積が無駄になるのではなく、そこからさらに発展していくものだと考えておきたい。

Q & A

Q1：パーソナリティは年齢とともに変わるのですか？

A1：パーソナリティが変わるというのは、どのような現象を指すのだろうか。たとえばパーソナリティを「外向型」と「内向型」という2種類の類型論で捉えることを考えてみる。するとおそらく、「内向的な人はなかなか外向的な人へと大きく変化してしまうことはない」と想像されるのではないだろうか。

では、パーソナリティを類型ではなく特性として考えてみよう。これは、ある数直線上に位置する数値としてイメージすると良いだろう。すると、身長や体重の値の変化のようにパーソナリティ特性を捉えることができる。内向的な人は数直線上の得点が低い方に位置しており、日々の生活の中で徐々にその得点が上昇していく。これが「パーソナリティが変化する」ということを意味する。

実際に、パーソナリティ特性の平均値が年齢とともに変化していくことは報告されている。たとえば10歳から65歳までの100万人以上を対象としたアメリカ合衆国の研究では（Soto et al., 2011）、成人期を通じてビッグファイブ・パーソナリティのうち特に協調性と勤勉性の平均値が年齢とともに上昇する傾向を示すことが報告されている。また女性においては、年齢とともに神経症傾向が低下することも報告されている。そして、これらと同様の年齢に伴う平均値の変化は、日本においても認められている（川本他, 2015）。このように、数十年という人生の範囲を考慮に入れると、パーソナリティ特性の平均値は変化していくと言えるのである。

全体的に、パーソナリティ特性の平均値を見ると、年齢とともに自分自

身が所属する文化の中で適応的で望ましい方向に変化していくように見える。これを、成熟の原則という。成熟の原則の背景には、社会の中で特定のパーソナリティ特性が適応的に機能することと、年齢を重ねるとともに私たちがその社会の中で適応的な方向に変化していく可能性を示唆している。

Q2：パーソナリティは遺伝しますか？

A2：私たち人類も生物であり、生物である以上は必ず遺伝の影響を受ける。また、身体的な特徴のみではなく、身体の機能に関しても遺伝の影響を受ける。この点でパーソナリティ特性も同様であり、何らかのかたちで遺伝の状態がパーソナリティ特性に対して影響を与える。

では、パーソナリティ特性が遺伝するというのはどのようなことを指すのだろうか。

たとえば、身長に影響を及ぼす遺伝子を考えてみよう。ある遺伝子に注目したときに、その遺伝子が「身長を伸ばす」とは何を意味するのかという問題である。遺伝子はタンパク質の設計図と呼ばれることもあり、アミノ酸の生成に影響を及ぼす。従って、一つひとつの遺伝子が、「身長を高める」という意図や結果を有しているわけではない。実際に近い例を想定すれば、ある遺伝状態は別の遺伝状態に比べ、少しだけ足の骨を長くし、また別の遺伝状態をもっと少しだけ土踏まずを高くし、また別の遺伝状態をもつことは少しだけ頭蓋骨が分厚くなり……このような積み重ねが、身長を高くしていくと考えられる。このような考え方は、ある一つの結果に対して、極めて多くの遺伝子が関与してくる可能性を示唆する。たとえば身長に関しては、30万個近くの遺伝子が関与すると推定されている（Bronson & Merrymn, 2013）。身長に対する一つひとつの遺伝子の影響力は極めて小さく、多くの遺伝子が影響を及ぼすことによって身長の遺伝成分が形成されることがわかる。

パーソナリティ特性についても同じように考えることができる。一つひ

とつの遺伝子はそれぞれが独自の特徴をもたらし、それらが総合的に、私たちのパーソナリティに影響を及ぼしていく。ここでは、「ある特定の遺伝子をもつからこのタイプのパーソナリティとなる」といったような、一対一の対応をとらないことが大切である。そして当然のことながら、遺伝だけではなく環境もパーソナリティ特性に対して影響を与えていく。

遺伝と環境の影響力を推定する一つの有効な手段が、一卵性と二卵性の双生児それぞれのきょうだいの個人差と関連の大きさに注目する、行動遺伝学の手法である。この手法によれば、ビッグファイブ・パーソナリティの遺伝と環境の影響力はそれぞれ、おおよそ50％程度となる。ただしこれは、あるパーソナリティ特性の得点100点のうち、50点が遺伝で50点が環境で形成されるというわけではない。あるパーソナリティ特性について見ると、ある個人は遺伝の影響力が大きく、別の個人は環境の影響力が大きく、結果的に現在のパーソナリティ特性の状態となっている。遺伝の影響力も環境の影響力も、個々人で異なっている。その個人差を総合した推定値が、「あるパーソナリティに対して遺伝の影響力が50％で環境の影響力が50％」だと考えておくのが良いだろう。

Q3：成功するパーソナリティはありますか？

A3：望ましそうな印象をもたらすパーソナリティ特性というものがある。たとえば、内向的であるよりも外向的であることの方が良さそうに思える。ただし、ここで考えておくべきことは、何をもって「よい」「わるい」とみなすかである。それは、人生の中でどのような結果に結びついているかによって判断される。

ビッグファイブ・パーソナリティのうち勤勉性は、学業成績の高さ、飲酒や喫煙率の低さ、違法薬物の摂取率の低さ、身体的な疾患の少なさ、そして寿命の長さにつながることがこれまでの研究で示されている。この観点からすると、勤勉性は社会的によい結果を予測するパーソナリティ特性だと言うことができる。

ここでもう一つ考えておきたいことは、誰にとって何が成功なのかという観点である。もちろん、学校に通っている児童生徒、教育者の立場からすれば、よい学業成績は成功だと言えるかもしれない。しかし長い人生を見渡したときには、学業成績というのはある一つの観点にすぎない。学業成績は人生において必須の要素ではない。もしも必須の要素なのであれば、学業成績が芳しくない人々の人生はどうなるのであろうか。また法の下で許容されている飲酒においても喫煙においても、それらを行うことが人生を豊かに彩ることはありえる。寿命についても、はたして長く生きることだけが本当に人生にとって「よい」ことで「成功」であるのかを考えておくことは大切である。

　このように見てくると、「成功するパーソナリティ」「よいパーソナリティ」とは、人生をどのように考えるのかという問題へとつながっていく。私たちは自分の人生において何を「成功」だと考えるだろうか。その成功とは、すべての人に共通するものではなく、自分自身のこととして捉え、考え続けるべき問題だと言えるだろう。

【参考文献】

Allport, G. W. (1937). *Personality: A psychological interpretation.* New York: Henry Holt & Co.

Allport, G. W. & Odbert, H. S. (1936). Trait-names: A psycholexical study. *Psychological Monographs, 47,* No.211.

Ashton, M. C. & Lee, K. (2001). A theoretical basis for the major dimension of personality. *European Journal of Personality, 15,* 327-353.

Boyle, G. J. (2008). Critique of the five-factor model of personality. *The SAGE Handbook of Personality Theory and Assessment, Vol 1: Personality Theories and Models* (pp.295-312). Los Angeles, CA: SAGE.

Bronson, P., & Merryman, A. (2013). *Top dog: The science of winning and losing.* New York: Twelve. 〔児島修（訳）(2014).『競争の科学：賢く戦い、結果を出す』実務教育出版.〕

DeYoung, C. G., Peterson, J. B., & Higgins, D. M. (2002). Higher-order factors of the Big Five predict conformity: Are there neurosis of health? *Personality and Individual Differences, 33,* 533-552.

Digman, J. M. (1997). Higher-order factors of the Big Five. *Journal of Personality and Social Psychology, 73*, 1246-1256.

Digman, J. M., & Takemoto-Chock, N. K. (1981). Factors in the natural language of personality: Re-analysis, comparison, and interpretation of six major studies. *Multivariate Behavioral Research, 16*, 149-170.

Eysenck, H. J. (1967). *The Biological Basis of Personality.* Springfield, IL: Charles C. Thomas Publisher.

Eysenck, H. J. (1992). Four ways five factors are not basic. *Personality and Individual Differences, 13*(6), 667-673.

Friedman, H. S., Tucker, J. S., Schwartz, J. E., Martin, L. R., Tomlinson-Keasey, C., Wingard, D. L., & Criqui, M. H. (1995). Childhood conscientiousness and longevity: Health behaviors and cause of death. *Journal of Personality and Social Psychology, 68*, 696-703.

Friedman, H. S., Tucker, J. S., Tomlinson-Keasey, C., Schwartz, J. E., Wingard, D. L., & Criqui, M. H. (1993). Does childhood personality predict longevity? *Journal of Personality and Social Psychology, 65*, 176-185.

Goldberg, L. (1992). The development of markers for the big-five factor structure. *Psychological Assessment, 4*, 26-42.

Gray, J. A. (1987). *The psychology of fear and stress.* Cambridge: Cambridge University Press.

ヘックマン、ジェームズ・J.／古草秀子（訳）(2015).『幼児教育の経済学』東洋経済新報社.

Jokela, M., Pulkki-Råback, L., Elovainio, M., & Kivimäki, M. (2014). Personality traits as risk factors for stroke and coronary heart disease mortality: Pooled analysis of three cohort studies. *Journal of Behavioral Medicine, 37*, 881-889.

川本哲也・小塩真司・阿部晋吾・坪田祐基・平島太郎・伊藤大幸・谷伊織 (2015).「ビッグ・ファイブ・パーソナリティ特性の年齢差と性差：大規模横断調査による検討」『発達心理学研究』*26*, 107-122.

Nettle, D. (2007). *Personality: What makes you the way you are.* Oxford: Oxford University Press.〔竹内和世（訳）(2009).『パーソナリティを科学する』白揚社.〕

Norman, W. T. (1963). Toward an adequate taxonomy of personality attributes: Replicated factor structure in peer nomination personality ratings. *Journal of Abnormal and Social Psychology, 66*, 574-583.

Pervin, L. A. (2003). *The science of personality,* second edition. New York: Oxford University Press.

Poropat, A. E. (2009). A meta-analysis of the Five-Factor Model of personality and academic performance. *Psychological Bulletin, 135*, 322-338.

Soto, C. J., & John, O. P. (2017). The next Big Five Inventory (BFI-2): Developing and assessing a hierarchical model with 15 facets to enhance bandwidth, fidelity, and predictive power. *Journal of Personality and Social Psychology, 113*(1),

117-143.

Soto, C. J., John, O. P., Gosling, S. D., & Potter, J. (2011). Age differences in personality traits from 10 to 65: Big Five domains and facets in a large cross-sectional sample. *Journal of Personality and Social Psychology, 100*, 330-348.

Tupes, E. C., & Christal, R. E. (1961). Recent personality factors based on trait ratings. *USAF ASD Technical Report*, No.61-97.

上野雄己・小塩真司 (2019).「日本人成人における運動行動と Big Five パーソナリティ特性の関連」*Journal of Health Psychology Research, 31*, 165-173.

渡邊芳之 (2010).『性格とはなんだったのか：心理学と日常概念』新曜社.

Wilmot, M. P., & Ones, D. S. (2019). A century of research on conscientiousness at work. *Proceedings of the National Academy of Sciences of the United States of America, 116*, 23004-23010.

4章 なつかしさはなぜ起こるか

単純接触効果と自伝的記憶、デジャビュ

楠見　孝

　なつかしい記憶は、現在から過去への心の時間旅行によって、人との絆や場所とのつながりを思い起こさせて、幸福感や甘酸っぱい気分を引き起こす。本章では7つの研究に基づいて、第一に、「なつかしさとは何か」「何をきっかけとして起こるのか」「なつかしさは記憶とどのようにかかわるか」について、なつかしい記憶とそれを支えるメカニズムを、単純接触効果と自伝的記憶の理論に基づいて解説する。さらに、「なつかしさに年齢差がなぜ生じるのか」についてもデータに基づいて検討する。第二に、はじめて行った場所なのに、なつかしさが強く起こるデジャビュをとりあげる。デジャビュは、かつては記憶異常として捉えられていたが、本章では、健常者でもよく起こる現象として捉える。そして「デジャビュがなぜ起こるのか」を、反復接触に基づく典型性-類似性モデルとデータに基づいて解説する。

1　なつかしさと単純接触効果

1-1　なつかしさとは

　なつかしさとは何だろうか。「なつかしい」という言葉は古語「なつく」という動詞が形容詞化したものである。心が魅かれて離れがたいという意味で、奈良時代の『万葉集』で使われている。そして鎌倉

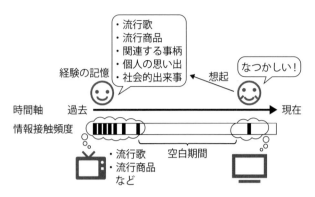

図4-1 なつかしさの単純接触−空白期間モデル (楠見, 2014)

時代には、かつて慣れ親しんだ人や事物を思い出して昔に戻ったようで楽しい、引き寄せたいほど可愛く愛おしいという意味で使われるようになった。

　古語の「なつかし」からなつかしさを考えると、「単純接触効果」の理論に基づいて説明ができる。「単純接触効果」とは、ある対象に反復接触することによって、当該対象への親しみが生じて、ポジティブな印象が強まる現象である。これは、社会心理学者ザイアンスが提唱した好みに関する重要な理論である。この理論を手がかりに考えると、なつかしさには、図4-1で示すように、（ⅰ）過去において、ある対象（流行歌、流行の商品、昔の友達など）との単純接触によって、慣れ親しみ、好きになる単純接触効果が起こる第一段階がある。（ⅱ）つぎに、長い間の空白期間があって、再び出会ったときに、その対象が引き金になって、過去のことを思い出すとともに、なつかしさを感じる第二段階がある。これをなつかしさの「単純接触−空白期間モデル」という。

1-2　なつかしさの手がかり

　なつかしさは、何をきっかけとして起こるのだろうか。研究1では、それを調べるために、大学生451人に、「なつかしい風景」について自由記述を求めた（楠見, 2014）。その時に、同時に出現する単語の頻度に基づいてクラスター分析をすることによって、まとまりを調べてみた。大きく分けると［学校］に関すること、そして［実家］に関すること、そして［田舎、田園風景、祖父母の家］がなつかしい風景としてまとまりをもっていた。

　次に「なつかしさを感じる出来事」について自由記述を求めた。［学校］関連の通学路、部活の場面、［学校行事（修学旅行、体育祭、卒業式など)］、そして［公園、遊ぶ子ども］の記述がされた。

　また、「なつかしさを感じる音楽」は、大きく分けると［学校］関係の小学校などで聴いた曲、童謡、校歌、卒業式の歌、と［過去のヒット曲］であった。

　研究2は、TVのCMに関する研究として、研究1の自由記述の結果に基づいて、なつかしさが起こる経験についての以下の質問項目を作り、首都圏の15歳から65歳、737人に対して、どのくらい当てはまるかを回答してもらった（楠見, 2014）。その結果、「昔、何度も聴いた曲を使っているCMを視聴してなつかしい」という過去の反復経験に関わる項目について当てはまる人は、20代から60代で8割から9割と高かった。また、「長い間聞いていなかった曲のCMを視聴してなつかしい」という空白期間に関わる項目について当てはまる人は、30代から50代で、8割から9割いるということがわかった。また、なつかしく感じるCMの要素としては、学校場面（教室、クラブ活動、卒業式など)、セピア色や白黒の写真、昔の日本の風景（農村、町並みなど)などは、加齢によって、なつかしく感じる人の比率が高くなった。

研究3では、なつかしさを引き起こす人や場所の年齢差に焦点をあてて、全国の20～89歳男女1001人に対して調査を行った（楠見, 2021）。年をとるにつれて、なつかしいと感じる人は、［昔に愛した人］で、60代以降、とくに男性の場合は加齢による上昇傾向が見られた。［昔の友達］は、男女ともに50代以降なつかしさが高まることがわかった。

　年をとるとなつかしくなる場所は、［実家の家］は男女とも50代まではなつかしくないが、女性にとっては、60代から80代になると、非常になつかしくなった。女性にとっての［実家の家］がなつかしくなることは、施設にいる認知症の高齢者が、夕方になると「おうちに帰りたい」と訴える「夕暮れ症候群」と関連する。ここでの「おうち」は施設に入る前に過ごしていた家ではなく、小さい時にお母さんが夕食を作って待っている家である。

　一方、［昔に通った学校］は男女ともに10代からなつかしい場所で、20代から40代にやや下がり、その後なつかしさが高まった。

　以上の研究1から研究3の自由記述と質問紙調査の結果に基づくと、なつかしさを引き起こす刺激（手がかり）は、第一に、過去の頻繁な接触事象があった小中学校の校舎・行事・校歌、アニメなど、第二に、その事象との接触のない空白期間がある昔の流行歌や昔に通った小中学校、昔に愛した人、第三に、自分の経験というよりも、文化におけるなつかしさを引き起こす要素として、昔の日本の田舎の風景やセピア色や白黒の写真があった。

2　なつかしさと自伝的記憶

2-1　メンタルタイムトラベル

　なつかしさは記憶とどのように関わるのだろうか。2では、なつかしさを自伝的記憶の理論に基づいて説明する。なつかしさは、時間と場所が特定できる長期的記憶であるエピソード記憶と深い関わりをもつ。その中でも、自伝的記憶は、自分が生まれてから現在に至るまでに経験した出来事のエピソードを含む記憶である。つまり、自分が主役で、つながりのある人たちが登場する自分史の記憶であり、自己の連続性を支えている。

　なつかしさはメンタルタイムトラベル（心の時間旅行）でもある。つまり、ある手がかり（例：昔のヒット曲）によって、過去の時間と場所に戻って、当時の出来事をありありと思い浮かべて、再体験することである。なつかしさとはメンタルタイムトラベルをしている時に感じる感情だということができる。

　そこで、研究4（楠見, 2021）では、20〜79歳の700人に、人生を振り返って、どの時期（0〜3歳、4〜6歳［幼少期］、6〜12歳［小学校時代］、13〜15歳［中学校時代］、16〜18歳［高校時代］、19〜22歳［20歳前後］、23〜29歳［20代中頃から後半］、以降10歳きざみの6つの時期）がどのくらいなつかしいかを6件法で評定を求めた。その結果、なつかしさの高い評定は、若年者層、高齢者層の年齢群を問わず10代後半から20代にピークがあった。これは自伝的記憶の理論では、成人期以降に自伝的記憶の想起を求めると、どの年代の人でも青年期の出来事の想起が多いというレミニッセンス・バンプ現象（バンプとは隆起のこと）と対応する。これはライフスクリプトを構成する人生の典

型的かつ重要なライフイベント（大学入学、恋愛、結婚など）の多くが、青年期に起こるためである。これらの出来事は強い感情をともない、意図的あるいは無意図的に繰り返し想起されやすく、アイデンティティの形成と維持を支える重要な役割を果たすため、思い出しやすいと考えられる。

　つぎに、同じ人たちに昭和20年代から平成20年代までの各時代について、どのくらいあこがれをもったり、なつかしいと感じるかを8件法で尋ねた。各年代は、「昭和30年代（1955～1964、高度経済成長期前半、石橋・岸・池田内閣、東京オリンピック［昭和37年］の時代）」のように、時代を表す言葉と、内閣名、重要な出来事からなる短い説明を入れた。その結果、どの年齢群においても、なつかしい時代は、回答者にとって、現在から10年以上前の10代から20代に経験した時代であった。昭和30年代は、なつかしい時代として映画『ALWAYS：三丁目の夕日』（2005）などのテーマになっている。しかし、その時代をとてもなつかしく思うのは、その時代を過ごした経験、すなわち自伝的記憶をもつ年齢群の回答者であった。

2-2　なつかしい記憶にともなうポジティブ-ネガティブ感情

　なつかしいことを思い出す時には、強い感情や持続的な気分を引き起こす。その感情の中身は、ポジティブな感情である楽しさ、満足、幸福などとともに、弱いネガティブな感情、感傷、後悔、甘酸っぱさ、ほろ苦さなどが起こる。このように、なつかしさは、ポジティブな感情とネガティブな感情が入り交じった複雑な感情である。

　そこで、ポジティブな感情とネガティブな感情のなつかしさのどちらが優勢なのか、それが年齢によって変化するかを、研究3の20～89歳男女1001人に対して調べた。昔を思い出した時に、ポジティブ感情のなつかしさ（例：幸福な気分になる）、ネガティブ感情のなつか

しさ（例：悲しみや憂鬱を感じる）がどの程度起こるかの評定を求めた。その結果、なつかしさによるネガティブ感情が喚起される傾向は、加齢によって、低下した。一方、ポジティブ感情が喚起される傾向は加齢によって上昇した。これは、高齢者の心理において注目されている社会情動的選択性理論によって説明ができる。生涯発達心理学者カーステンセンは、人は年をとるにしたがって、自分の持つ限られた時間などのリソースを、満足を高める目標・活動に注ぐ傾向があると主張している。したがって、記憶の過程においても、ネガティブ情報よりもポジティブ情報を想起すると説明できる。

2-3　なつかしい記憶のポジティブな機能

　加齢によって、なつかしい記憶が、ポジティブな感情を引き起こすという傾向は、なつかしさによるさまざまなポジティブな機能が加齢によって向上することとも関連する。

　研究3の男女1001人に対して、「人生におけるなつかしい出来事について思い起こしてください。以下のことをどのくらい感じますか」として、当てはまる程度を5段階で尋ねたところ、時間的連続性（例：昔の自分とつながっている）、人生の意味（例：人生には意味がある）、社会的結びつき（例：愛する人たちとつながっている）、自己の明確性（例：自分自身のことを知っている）の順で高く、いずれも年をとるにつれて、「当てはまる」と評定する程度が高まった。

　ここで、なつかしいことを思い出すことによって、ポジティブな感情が高まるという傾向性が高い人は、これらのなつかしさの機能が高まった。一方、なつかしいことを思い出すことによって、後悔や寂しさなどのネガティブな感情が高まる傾向の人は、こうしたなつかしさのポジティブな機能に対して抑制する影響があった。さらに、なつかしさによって社会的な結びつきが強く、自己が明確化されているほど、

人生の満足度が高いことが明らかになった。

2-4 なつかしさを支える三つの記憶

なつかしさは、図4-2で示す三つの記憶に支えられている。

第一は、エピソード記憶の中の自伝的記憶である。自分の過去の体験を思い出している感覚が起こる自己内省的意識（autonoetic consciousness: self-knowing）を伴う記憶である。これは、昔に何度も一緒に遊んだ友達へのなつかしさのような、個人的な反復経験による自伝的なつかしさを支えている。

第二は、知識の記憶（意味記憶）である。私たちの文化における日常の経験（家庭、学校、テレビを見るなど）の中で長期にわたって形成されたなつかしいものや風景などに関する知識である。思い出すときには、知っているという感覚（既知意識：noetic consciousness: knowing）とともに、一般的な知識として想起される。したがって、自己と結びついた特定の場所と時間の出来事は思い出されない。たとえば、日本の田園風景は、そこで育った自伝的記憶は無くても、マス

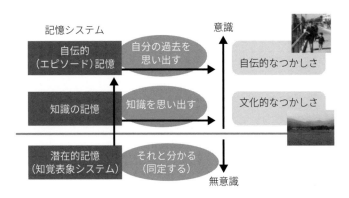

図4-2　なつかしさを支える三つの記憶（川口, 2014を改変）

メディアなどでの文化的な単純接触によってなつかしい風景として、知識が形成される。このように知識の記憶は、文化的、歴史的ななつかしさを支えている。

第三は、潜在記憶である知覚表象システムである。知覚的な事物や単語をそれとわかる（同定する）ときに働く記憶である。これは、過去の経験や知識について、思い出しているという感覚がない無意識（anoetic: not-knowing）レベルで働いている潜在記憶である。以前に何度も経験しても忘れてしまい、無意識のうちに、親しみや好きという感情を引き起こすような現象（例：味の好み）がかかわる。

この潜在的記憶は、図4‒2で示すように、すべてのなつかしい記憶の土台として基底にあり、その上に、知識の記憶があり、一番上に自伝的記憶がある三層構造として考えることができる。

3　デジャビュとなつかしさ

3‒1　日常的経験としてのデジャビュ

はじめて訪れた場所なのに、なぜか昔に訪れたことがあるようななつかしい気がしたり、はじめて会った人なのに以前会ったことがあるような気がするのはどうしてだろうか。これらの現象は、デジャビュ（既視感：déjà vu）といい、フランス語で「すでに見た」の意味である。はじめて訪れた場所やはじめて会った人に対して、過去にすでに経験したことがあるような強い既知感とともに、なつかしさが起こるため、違和感や不思議さを感じる記憶現象である。反対に、ジャメビュ（未視感：jamais vu）は、既知の場所や人に対して、既知感がなく、初めての場所や人のように感じる記憶現象である。

こうした現象は、多くの小説が描いているにもかかわらず、その認

知心理学的考察は少なかった。主に精神医学の領域において、精神疾患の症状としてのデジャビュは側頭葉てんかんや統合失調症等による記憶異常、幻覚や妄想の問題として扱われてきた。したがって、健常者では、デジャビュは疲労などによって心的緊張が低下した際に、まれに起こる現象と考えられてきた。

　しかし、健常者でも6割くらいの人が経験し、若い世代において経験率が高い正常な記憶現象として、1990年代頃から研究されるようになった。デジャビュがなぜ起こるのかを説明する有力な理論として、類似性説がある。類似性説では、過去の類似した経験と現在の経験が知覚的に類似しているため、既知感、親近感が起こり、一方で、「この経験（場所や人など）は、はじめてである」というソースモニタリング（実際に経験したことかどうかの現実性モニタリング）ができているために起こると考える。

　ここではこうした考え方に基づいて、デジャビュが健常者においてなぜ起こるのかを検討する。

　研究5では、16〜88歳の調査会社モニター1001人にデジャビュ経験について尋ねた。場所に対してのデジャビュ経験率は56％、人に対してのデジャビュ経験率は42％で、どちらかを経験した人は63％であった。つまり約6割の人がデジャビュの経験者であった（楠見，2019）。さらに、19の場所を挙げて、デジャビュが起こったことがあるかを尋ねたところ、高い順に、古い町並み（回答者の38％）、観光地（32％）、寺・神社（31％）、公園・庭園（30％）、住宅街（29％）、商店街（28％）、海岸（28％）、並木道（26％）、駅（25％）であった。

　研究5では、大学生114人に、デジャビュ経験時の心理状態について尋ねたところ、なつかしさ（経験者の68％）と驚き（87％）を伴っていた。一方、精神的な疲れ（22％）はこれらよりも少なかった。さらに、既視感の源になった過去の経験との類似性を5件法で尋ねたところ、全体として似ている（62％）と多く、部分的に類似（23％）と

続き、細部まで似ている（8%）は少なかった（楠見・村井・深尾, 2003）。すなわち、全体的な類似性を感じているが、一方では「初めての経験だ」というソース（手がかり）情報があるので正棄却されている点で、虚再認や偽記憶（false memory）と異なる。

3-2　デジャビュを支える反復接触による典型的表象

　人は、町並みや寺などの光景に反復接触することによって、その光景は重なり合い、細部は失われたかたちでの典型的光景（たとえば駅前の広場から広がる町並みや、山門から本堂に続く石畳の寺の風景など）が記憶内に形成される（図4-3）。そして、新たに目にした光景が記憶内の典型的光景と類似していると、既視感が起こると考えられる。典型的な光景ほど、（見たことがないのに見たことがあると感じる）虚再認を起こしやすいことは、典型性（高中低）の異なる寺の写真を用いた実験でも見いだされている（松田, 2014）。さらに、既視感を起こした光景と原経験の結びつきは、知覚的手がかり、雰囲気、天気、気分などの全体的な印象の類似性によって支えられている。これらは、記銘時と検索時の物理的環境（光景の類似性など）や心理的環境（見たときの気分の類似性など）の一致が検索可能性を高める環境的文脈依存記憶現象、感情的状態依存記憶現象として説明できる。図4-3「デジャビュの典型性−類似性モデル」は、デジャビュにおける反復接触による記憶内における典型的表象の形成過程の第一段階と、現前の光景と記憶以内表象とのマッチングによる全体的類似性の認知が既知感を高める第二段階からなる（Kusumi, 2006）。これは、図4-1で述べた「なつかしさの単純接触−空白期間」モデルと対応関係をもっている。

　このモデルにおける類似性認知に関わる第二段階を検討するために、研究7では、44人の実験参加者に対して、（a）日常生活でのデジャビ

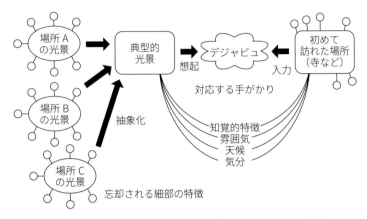

図4-3　デジャビュの典型性−類似性モデル（Kusumi, 2006を改変）

ュ経験の頻度、（b）日常生活でのさまざまな物事の類似性への敏感さ
（例：楽曲、物語の類似性）と、（c）実験室における光景（線画）間の
類似性評定、（d）学習した光景とレイアウトが類似した光景に対する
親しみを感じるか——の評定を求めた。その結果、日常生活のデジ
ャビュ経験と類似性への敏感さは、実験室における光景間の類似性判
断や、類似した光景への親近性判断との相関が高かった（Sugimori &
Kusumi, 2014）。このように、反復接触によって形成された典型的光景
と眼前の光景との全体的な類似性認知が、デジャビュの生起とそれに
ともなうなつかしさを支えていると考える。

4　まとめ

　なつかしさは、過去の単純接触効果による親密性や好意の形成の段
階と長い空白期間の段階による二つの要因によって起こる感情である
と考える（図4-1のなつかしさの単純接触−空白期間モデル）。

なつかしい記憶は、自伝的記憶、知識の記憶、潜在的記憶の三つの階層的な記憶を土台としている（図4-2）。それぞれ、自伝的な単純接触、文化的な単純接触、意識下の単純接触効果が、親密性や好意の形成に関与していると考えられる。

　また、人の生涯におけるなつかしさの観点からは、人生におけるなつかしい時期が青年期にあることは、自伝的記憶のレミニッセンス・バンプ現象で、加齢によるポジティブななつかしさや機能が促進されることは、社会情動的選択性理論によって説明ができる。

　最後に、強いなつかしさを引き起こす不思議な現象であるデジャビュは、記憶異常ではなくて類似性認知を土台とした、7割の人が経験する一般的な現象である。デジャビュは、反復接触による典型性の形成と目の前の風景との類似性認知、そしてソースモニタリングによって支えられていると考える（図4-3のデジャビュの典型性-類似性モデル）。

Q & A

　Q1：他の文化にもなつかしさはありますか？

　A1：他の国では、「ノスタルジア」ということばが多く使われている。「nostalgia」の語源は、ギリシア語nostos（家に帰る）とalgos（苦しんでいる状態）を結びつけた造語である。スイスの医師ホーファーが17世紀後半に、故郷から離れて戦う兵士が重いホームシックにかかったときの症状に付けた名前に由来する。しかし、1950年代には、精神医学用語ではなく、市民の話し言葉やコマーシャルにおいてポジティブな意味で使われるようになり、現在では、ホームシックを連想する人は少ない。なお、「ノスタルジア」は、ネガティブな経験を起源としているため、辞書の定義においては「過去に対する感傷的なあこがれや物思いに沈んだ感情」（sentimental longing or wistful affection for the past）（The New Oxford Dictionary of English, 1998）と記載されている。この点が「なつく」というポジティブ

な意味を起源とする「なつかしさ」と異なる。

「nostalgia」は世界の多くの国で外来語としてそのまま使われている。英国の心理学者ヘッパーら（Hepper et al., 2014）は、ノスタルジア概念の国際比較研究を、5大陸18か国の1704人を対象として行った。その際に、「ノスタルジア」を用いた国は15か国であった。一方、自国固有のことばを使ったのは日本（なつかしさ）、中国（懐舊）、エチオピア（Tizita）の3か国であった。この研究では、「nostalgia」についての英米の参加者による自由記述から抽出した35の特徴の典型性の評定を18か国の参加者に求めた。

日本において、つぎのように参加者に説明して回答を求めた（データ収集は筆者が担当した）。

「あなたは、［なつかしさ］ということを考えたとき、どのようなことが頭に浮かびますか。下にならんでいるコトバがそれぞれどのくらいあなたの考える［なつかしさ］に関わるか、［1：まったく関係しない］から［8：非常に関係する］までの数字のいずれかにチェックしてください」。

その結果、「なつかしさ（nostalgia）」の典型性評定値の上位の中心（典型）的特徴（例：記憶、子どもの頃、過去、思い出す、回想）と下位の周辺的特徴（例：孤独、悲しみ、夢／白昼夢、事実とは異なる記憶［幻想］）は、文化を越えて共通性が見られた。

Q2：高齢者におけるなつかしさのポジティブな効果は、どのような応用が可能ですか？

A2：高齢者におけるメンタルヘルスの向上、過去の葛藤等の解決、認知能力やコミュニケーション能力の低下などに対する高齢者の対人援助手法として応用できると考えられるものが、回想法である。回想法は、高齢者に、過去を思い出して、話をしてもらうことで、なつかしい感情が喚起されて、本章で述べたポジティブな効果が起こると考えることができる。

回想法では、「こどもの頃の遊び」「学校行事」「ふるさと」など、毎回テーマを設定し、高齢者に思い出してもらう。あわせて、テーマにあった道具、

お菓子や音楽、写真、動画などを用意することもある。回想法は、面接者と高齢者が一対一で行う個人回想法と、高齢者施設などで定期的に集団で実施するグループ回想法がある。

　回想法には、2 - 3節で述べたなつかしさのポジティブな機能を土台とした効果、たとえば、情動機能の回復、表情などの非言語的表現の豊かさの増加、発語回数の増加、社会的交流の促進、他者への関心の増大、意欲の向上、集中力の増加、抑うつや不安、暴言や徘徊などの軽減などがある（野村, 1998）。

　Q3：インターネットによって、なつかしさを味わうことが容易になって、何が変わったでしょうか？

　A3：従来は、なつかしさを味わうためのきっかけは、個人が収集した古本・雑誌、骨董、レコード、録画したTV、映画、そしてレトロな町への訪問など金銭や時間のコストがかかるものであった。しかし、近年は、インターネットを通して、手軽になつかしさに浸ることができるようになった。

　ノスタルジア・サイトには、世代ごとのノスタルジア（テレビ番組、商品、学校）が集められている。そのほか、昔のアイドルのファンサイトには、過去のアイドルの話題などの情報交換がされている。YouTubeには、昔の歌、ドラマ、CMなどが投稿され、コメント欄には、自伝的記憶とそのなつかしさを語った多くの投稿が寄せられている。インターネットは、個人的なつかしさに関わる話題を発信しつつ、同世代の絆がネット上で形成されている。

　なつかしさの機能である社会的結びつきの形成が、インターネット上で活発に行われることで、個人の孤独感が解消し、幸福感が高まることにつながる。また、現実世界で消滅した物や場所が、バーチャルな世界で共有され、保存されることになる。ここから、これまでとは異なるかたちで、文化的、歴史的なつかしさが形成されることが考えられる。

【参考文献】

Hepper, E. G., Wildschut, T., Sedikides, C., Ritchie, T. D., Yung, Y. F., Hansen, N., Kusumi, T., ..., Zhou, X. (2014). Pancultural nostalgia: Prototypical conceptions across cultures. *Emotion, 14*, 733-747.

川口潤 (2014). 「人はなぜなつかしさを感じるのか」楠見孝（編）『なつかしさの心理学：思い出と感情』(pp.23-40)，誠信書房.

Kusumi, T. (2006). Human metacognition and the déjà vu phenomenon. In K. Fujita & Itakura (Eds.) *Diversity of cognition: Evolution, development, domestication, and pathology* (pp.302-314). Kyoto University Press.

楠見孝 (2014). 「なつかしさの心理学：記憶と感情、その意義」楠見孝（編）『なつかしさの心理学：思い出と感情』(pp.1-22)，誠信書房.

楠見孝 (2019). 「日常生活におけるデジャビュとジャメビュ：類似性に基づく経験想起との関連性」『日本認知心理学会第17回大会発表論文集』O4-02.

楠見孝 (2021). 「なつかしさの認知−感情的基盤と機能：個人差と年齢変化」『心理学評論』*64*(1), 5-28.

楠見孝・村井俊哉・深尾憲二朗 (2003). 「デジャビュとジャメビュ現象の認知的分析：質問紙法による検討」『日本認知心理学会第1回大会発表論文集』93.

松田憲 (2014). 「なつかしいものがなぜ好きになるのか」楠見孝（編）『なつかしさの心理学：思い出と感情』(pp.81-97)，誠信書房.

野村豊子 (1998). 回想法とライフレヴュー：その理論と技法. 中央法規出版.

Sugimori, E., & Kusumi, T. (2014). The similarity hypothesis of déjà vu: On the relationship between frequency of real-life déjà vu experiences and sensitivity to configural resemblance. *Journal of Cognitive Psychology, 26*(1), 48-57.

5章 ヒトはなぜ協力するのか

進化心理学と文化進化論　　　　　小田　亮

　ヒトは生物の一種であり、生物は必ず進化する。よって、その行動や心の働きも現代進化学の対象となる。なかでも、心のような複雑で機能的な特徴を説明するためには、自然淘汰理論は欠かせない。しかし、ヒトの行動をみると、一見自然淘汰理論では説明できないように見えることがある。そこで重要になってくるのが、淘汰の単位は何か、という問題だ。この章では、ヒトの利他性を例として、その進化的な説明をめぐる論争について紹介する。

1 「万能酸」としての自然淘汰理論

　進化は非常に誤解の多い概念である。最も多いのが、進化イコール進歩という誤解だ。世間一般において進化を進歩という意味で使っていることが多いせいだろう。しかし、生物の進化には進歩という意味は無い。なぜなら、進化とは遺伝子に起こる偶然の変化の積み重ねだからである。偶然の変化なので、現状よりも良くなるという保証は無いのだ。私たちヒトを含めて、すべての生物は遺伝子の情報からできており、つまり進化の対象となる。しかし、生物を眺めてみると、みんなそれぞれ複雑で機能的にできている。なぜ、偶然の変化の積み重ねでこのような複雑で機能的なものが生まれたのだろうか。

　それに答えを与えたのが、19世紀英国の博物学者ダーウィン

（Charles Darwin）である。ダーウィンは自然淘汰理論（theory of natural selection）を提唱し、それを『種の起源』という著書にまとめた（Darwin, 1859）。自然淘汰理論とは、遺伝子に起こる偶然の変化によって個体の間にばらつきが起こるが、そのなかで他の個体よりも次世代により多くの遺伝子を残せるような特徴が残っていくはずなので、最終的に、生物の特徴はある環境においてうまく生き延び子どもを残せるようなものになっていくだろう、という理論である。ただ、ダーウィンの時代にはまだ遺伝子という概念はなかったので、しくみは不明だが、何らかのかたちで親の形質が子に伝わると考えられていた。この自然淘汰が起こると、生物の特徴はあたかも誰かが設計したような、機能的で複雑なものになりうる。これを適応といい、他の特徴を持っている個体に比べてどれくらい多く遺伝子を残したかという指標が適応度である。これも世間一般によくある誤解だが、自然淘汰理論が「ダーウィンの進化論」と呼ばれることがよくある。しかし、進化論、つまり生物は不変ではなく時代とともに変化する、という考え方は、ダーウィン以前からあったものだ。ダーウィンは、その進化に特定の方向性を与えるメカニズムを提唱したのである。その後、遺伝子やDNAの実態が明らかになり、また集団遺伝学の発展などによって洗練されていったが、自然淘汰理論は現在でも生物学の基本であり続けている。

　哲学者のデネット（Daniel Dennett）は、この自然淘汰理論を「万能酸」に喩えた（Dennett, 1995）。万能酸とは、非常に腐食性の高い液体で、どんなものでも溶かしてしまうという架空の酸である。問題は、それを何にしまっておくかだ。あらゆるものを溶かしてしまうので、もちろん何かの容器に入れておくことはできない。どんどんと漏れ出して、しまいには地球全体を溶かしてしまうかもしれない。自然淘汰理論は、なぜ生物は一定の方向に進化するのかという生物学の問題に解答を与えるべく生まれたものだが、それがあたかも外部に漏れ出す

ように、心理学の問題にも解答を与え、さらには倫理学や政治学、宗教学へと広がっていくだろう、というのだ。この万能酸の浸食によって生まれたのが、進化心理学である。

2　進化心理学とは何か？

　古くはファーブル（Jean-Henri Fabre）に始まる動物の行動の記載と研究は、生態学や比較心理学において進められてきた。それを整理し、現在の動物行動学の基礎となる枠組みを提唱したのが、1976年にノーベル医学・生理学賞を受賞したティンバーゲン（Nikolaas Tinbergen）である。ティンバーゲンは、動物の行動について考えるときには四つの異なる考え方がある、ということを提唱した。それぞれ、（1）causation（因果関係）、（2）survival value（生存価）、（3）ontogeny（個体発生）、（4）evolution（進化的由来）とされている。このなかで「生存価」という観点から動物一般の行動を研究する分野は、後に行動生態学として発展した（Davis, Krebs, & West, 2012）。その行動生態学の対象としてヒトを研究するのが、人間行動生態学である。

　ヒトもまた動物の一種であるので、行動生態学の対象にはなりうる。しかし、アフリカという限られた環境で進化したホモ・サピエンスは、約10万年前から世界中のさまざまな環境へと拡散し、多様化していった。現代の特定の人類集団を、典型的なホモ・サピエンスとしてみなすことができるだろうか。また、行動をみることで遺伝子の適応を推測するのが行動生態学の手法だが、具体的に行動を起こすのは心理メカニズムであり、ヒトの場合はこれがかなり複雑化している。行動生態学の手法を単純にヒトに当てはめるのには無理があるのだ。そこで提唱されたのが、進化心理学である。進化心理学は、従来の心理学と同様に、ティンバーゲンの四つの問いにおける「因果関係」、すな

わち行動の起きるしくみを対象とする。ただ、そのしくみには「生存価」、つまり適応のための機能が反映されているだろう、という視点をとる。では、そのしくみが何に対する適応なのかというと、進化的適応環境であると仮定されている。進化的適応環境とは、具体的には約180万年前から約1万年前の更新世において人類が暮らしていた環境である。約1万年前に農耕牧畜が始まり、それを基盤として文明が築かれたことで、人類を取り巻く環境と生活様式は激変した。しかし、1万年というのは心のしくみが進化するには短い時間なので、ヒトの心は農耕牧畜以前の環境に適応してそのしくみができているに違いない。進化的適応環境においてヒトが直面した課題から、心のしくみについて予想が立てられる。それを調査や実験によって検証していこうというわけである（小田, 2013）。進化心理学のもう一つの基本となるのが、心はモジュールの集合体だという考え方だ。心が具体的な課題を解決するために進化したとしたら、それぞれの課題に特化したメカニズムがあり、そのような心的モジュールが集まったものになっているのではないか。心は、同じマシンが文章を書いたり絵を描いたり、はたまた計算をしたりといったように汎用的に使えるコンピュータのようなものではない、ということである。

3 「文化的動物」としてのヒト

ヒトの心のしくみは過去の環境への適応であり、それが現代のまったく異なる環境において働いているのだ、という進化心理学の考え方に対して、文化の役割を重視するのが、文化進化論の考え方である。遺伝子は世代から世代へと伝わることで変化を蓄積し、淘汰を受けることで適応的な性質が進化する。文化もまた世代から世代へと伝わる情報であることは遺伝子と同じだが、遺伝子よりもはるかに変化とそ

の蓄積が早く、環境の変動に適応していくことができる。ホモ・サピエンスが地球上のほとんどあらゆる環境に広がっていくことができたのは、この文化のおかげだ（Henrich, 2015）。

　現代人には必ずしも適応的ではない行動がみられるが、進化心理学は、進化的適応環境と現在の環境が異なるということからこういった行動を説明しようとする。過去の環境に適応してきた心のはたらきが、現代の環境においていわば暴走することによって不利益な行動が起こってしまうというわけだ。一方、文化進化論によると、ヒトは文化によって新しい環境へと素早く適応できるので、環境のギャップはあまり重要ではない。ではなぜ適応的ではない行動がみられるのかというと、社会的学習によるバイアスの結果ではないかと考える。ヒトは他の類人猿に比べても、他者の行動を過剰なほど模倣しようとする。このような強力な社会的学習によって文化の伝達は支えられてきたのだが、それがあまりに強力なので、場合によっては不適応な行動が学習され、広まっていくこともあるというのである。また、遺伝子は両親からしか伝わらないのに対し、文化的な情報は両親以外の上の世代や、同世代の個体といった他のさまざまなルートからも伝わる。それらもまた、不適応な行動パターンが広まっていくことを強化するだろう。

　文化は世代から世代へと伝わる情報であり、伝達のミスなどによって変化する。変化によってより伝わりやすくなれば、そのような文化が広がっていくだろう。これは遺伝子への自然淘汰と同じ原理であり、つまり文化も適応的な方向へと進化するということになる。では遺伝子とは独立にそういった進化が起こるのかというと、遺伝子が文化に影響することもあり、逆に文化が遺伝子に影響することもある。このようにして起こるのが、遺伝子−文化共進化である。これは二重継承理論とも呼ばれるが、脳を始めとする神経系は遺伝子の情報によって造られているので、ヒトが何に注目し、何を学習するのかといったことは、遺伝子の影響を受ける。つまり遺伝子は文化に影響しているの

だ。逆に、文化が遺伝子の淘汰に影響することもある。ヒトは文化に強く依存しているので、文化によって適応すべき環境が創られるわけである。

4　ヒトはなぜ協力するのか？

　進化心理学と文化進化論の考え方を紹介してきたが、これらは理論というよりはもっと大きな「研究プログラム」とでもいえるものである。もう少し具体的な論争として、協力行動の進化をとりあげたい。ヒトは他の種に比べて、個体間の協力行動が発達している。現在の高度な文明社会は、ヒト同士の協力なしには築かれなかっただろう。なかでも特徴的なのが利他行動である。たとえば二人が同時に協力して、お互いが利益を得ることができるのなら、そういった行動が進化することは不思議ではないだろう。しかし、ヒトにおいては一見自分の利益にはなりそうにないのに、他人のためにコストを払うという行動がよくみられる。心理学ではこのような行動に「向社会的行動（順社会的行動）」、「愛他行動」、「援助行動」といったさまざまな用語が用いられている。心理学ではこのような行動について、動機づけや発達の観点から研究が進められてきた。一方、同じ行動について、行動生態学では異なる観点から研究が進められてきた。心理学では「愛他行動」と訳されることが一般的な altruistic behavior は、行動生態学では「利他行動」と呼ばれており、その行動によって相手が得た利益の程度、あるいは行為者が払った損失の程度に焦点があてられる。動機や意図の有無はあまり問題とはされず、向社会的行動と愛他行動はどちらも利他行動として扱われる。利益や損失に注目するのは、行動生態学では生存価と進化的由来が主な問題とされるからである。

　利他行動の「生存価」は何なのだろうか。利他行動はその行為者が

自らの利益、すなわち適応度を下げて受益者の適応度を上げる行為である。自然淘汰理論が正しいのであれば、単純に考えてこんな行動が進化するはずがない。そこで提唱されたのが、群淘汰理論である。そもそもなぜ動物が自己犠牲的な行動をするのかというと、それは自分の属している種といった集団を存続させるためであるという考え方は、かなり古くからあったようだ。自らが利他的であり、高度な社会性をもつヒトにとっては、抵抗なく受け入れられる考えだったのだろう。たとえばティンバーゲンと共にノーベル賞を受賞したローレンツ（Konrad Lorenz）は、肉食獣が互いに致命的な闘争をすることがなく、儀式化された争いで決着をつけることについて、殺し合いを避けて種の存続を図るためだと説明している（Lorenz, 1963）。しかし、この初期の群淘汰理論は、自然淘汰の単位が何かということについてあまり厳密な説明を与えていなかった。ある動物の群れがあったとして、この群れではすべての個体が群れの存続のために行動しているとする。しかし、そこに突然変異によって自分の適応度のためにしか行動しない個体が生まれたらどうなるだろうか。他の個体よりもこの個体の方が適応度が高くなるので、この群れには自分の適応度のためにしか行動しない個体がどんどん増えていく。最終的には、群れのために行動する個体はいなくなるはずだ。

　その後、ウィリアムズ（George C. Williams）らによって、自然淘汰の単位は遺伝子であるということが明確化された。その象徴が、1976年に初版が刊行されたドーキンス（Richard Dawkins）の『利己的な遺伝子』である（Dawkins, 1976）。しかし、自然界には社会性昆虫におけるワーカのように、一生自分では繁殖せず、コロニーの他の個体の世話をして過ごすものがいる。また、そこまで極端でなくても、多くの動物は子どもやきょうだいのために自分を犠牲にする行動がみられる。これらの行動を遺伝子淘汰説からどう説明すればいいだろうか。そこで提唱されたのが、ハミルトン（William D. Hamilton）による血

縁淘汰理論である。利他行動に関わる遺伝子があったとしても、他個体を助けることで適応度が下がるので、そのような遺伝子は残っていかないだろう。しかし、助けた他個体にも同じ遺伝子があったとしたら、そちらの適応度は上がるので、遺伝子が残るはずである。つまり、他個体を助けるかどうかは、相手とどれくらいの確率で同じ遺伝子を共有しているかどうかと、助けることによる相手の適応度の上昇と自分の適応度の損失のバランスで決まる、というのが血縁淘汰理論だ。私たちが血縁者を助けるのは、同じ個体から由来する遺伝子を共有している可能性が赤の他人よりも高いからである。

　血縁どうしの助け合いは、血縁淘汰理論で説明できる。しかし、寄付やボランティアのように、ヒトは血縁を超えて、赤の他人に対しても親切にふるまうことがよくある。これはどう説明すればいいのだろうか。そこで提唱されたのが、互恵的利他主義の理論である。他個体を助けると、そのときには損をする。しかし、後で相手から同じだけ返してもらえば、差し引きはゼロになり、どちらも損をしないうえに、お互い困っているときに助かるので、両方とも得をすることになる。このような互恵性があれば、血縁に関係なく利他行動は進化するだろう、ということだ。では、普段から互恵的な関係が無い、赤の他人への利他行動はどう説明できるのだろうか。たとえば災害のときには盛んに募金活動が行われるが、寄付の相手は付き合いのない、見ず知らずの他人である。

　このような利他行動を説明するために考えられたのが、間接互恵性である。これはつまり、利他行動の相手から直接お返しがくるのではなく、代わりに第三者から利益がもたらされることによって互恵性が保たれることがある、という理論だ。その重要な要因が「評判」である。シミュレーションによる研究によって、集団のなかでやりとりをするが、その際に評判の高い相手に対してのみ協力する、という条件のもとで進化が進むと、最終的には協力的な個体ばかりになることが

示されている。一方、人間社会においては、誰かから助けられた人が、助けてくれた相手ではなく第三者にお返しをするという場合もよくある。これについても、他者から助けてもらった人はその後に別の他者に対して親切にするということが、実験的状況において検証されている。これらが集団のなかで廻り廻ることによって、間接互恵性に基づく利他行動が成り立っていると考えられるのである。伝統的な進化心理学では、現代よりも小さな社会集団で生活していた進化的適応環境において、このような互恵的利他主義や間接互恵性への心理的な適応が起こり、それらの心的モジュールが現代のヒトにおいても機能しているのだとされてきた。

　一方で、ヒトの利他性は非常に高度であり、互恵的利他主義だけでは説明できないのではないか、ということもいわれるようになってきた。たとえばギンタス（Herbert Gintis）は次のように主張している。戦争や疫病、飢饉などで集団が存亡の危機に晒されているときには、一致団結して協力することが必要だろう。しかし、その場合集団全体が消滅してしまう可能性があるので、将来的なお返しはあまり期待できない。互恵的利他主義の理論が正しければ、協力は成り立たなくなるのではないか、というわけである（Bowles & Gintis, 2011）。では、ヒトは自分が属する集団を維持するために行動しているのだろうか。それでは先に述べた群淘汰理論になってしまう。そこで提唱されたのが、複数レベル淘汰（multi-level selection）である。複数レベル淘汰の出発点となるのは、プライス（George R. Price）が提唱したプライス方程式だ。プライスはハミルトンの血縁淘汰理論を知り、それを実証しようとしてさらに拡張されたモデルを考案した（Harman, 2010）。他の形質に比べて特定の形質が集団内に広まるかどうかは、各個体が相対的にその形質をどの程度持っているのかという度合いと、各個体が相対的にどれくらい子孫を残したのか、という二つの要因が影響する。また、子孫にその形質がどの程度受け継がれるのかということも

影響するだろう。それを定式化したのがプライス方程式である。

　さて、ここで知りたいのは利他的な形質の進化だが、利他行動というのは行為者の適応度を下げて受け手の適応度を上げるので、他個体とどう相互作用するのかということが問題になる。社会的な種は、ほとんどの場合集団構造を持っている。ここでは単純化し、たとえば種全体のような、特定の遺伝子が広まるかどうかを考える集団のことをポピュレーションと呼ぶ。それらがいくつかのグループに分かれていると考える。そのような場合、利他行動の効果はグループ内効果とグループ間効果に分けられることをプライスは示した。つまり、「利他性に関わる遺伝子の、ポピュレーション内での平均適応度」は、「利他的な遺伝子を持つ個体が増加することが、その集団全体の適応度に与える影響」に「グループ間のばらつき」を掛けたものと、「利他的な遺伝子を持つことが、個体の適応度に与える影響」に「グループ内のばらつき」を掛けたものに分けることができるということだ。「利他的な遺伝子を持つことが、個体の適応度に与える影響」はマイナスなので、「グループ内のばらつき」が小さく、「グループ間のばらつき」が大きいほど利他行動は進化しやすいということになる。要するに、利他性に関わる遺伝子を持っている人たちどうしで固まってグループを作ることができれば、利他行動は進化するだろう、ということだ。

　先述の血縁淘汰理論は、実はこのプライス方程式から導くことができる。正の同類性、つまり同じ遺伝子を持った個体が固まり、グループ間の分散よりもグループ内の分散の方が小さければ利他行動が進化しうる、ということだったが、血縁というのは、この正の同類性が保障されている集団としてみることができる。「相手とどれくらいの確率で同じ遺伝子を共有しているかどうか」というのは、「同じ遺伝子を持つものどうしがどれくらい出会いやすいか」ということでもあるのだ。ということは、血縁のあるなしにかかわらず、正の同類性を保つことができれば、利他行動は進化するということになる（竹澤，

2019)。そこで重要な働きをしたと考えられたのが文化だ、と文化進化論は主張する。先に述べたように、ヒトには過剰なほどの社会的学習バイアスがあり、それは集団内の規範についても当てはまる。規範に対する同調傾向が強ければ集団内の行動の画一化が進むので、集団内のばらつきが小さくなる。つまり、文化によって正の同類性が強まるということだ。他の種にはみられないヒトの高度な利他性は、ヒトが高度な文化をもつ動物であることと関係しているというのである。これもまた、遺伝子–文化共進化の一つであるといえるだろう。

5 「強い互恵性」はあるのか？

文化進化論の立場から協力を説明しようとする研究者たちは、ヒトには血縁や将来的なお返しの期待に関係なく他者に対して利他的にふるまう傾向があると主張し、これを「強い互恵性」と呼んでいる。その一つの証拠とされているのが、利他的罰である。これは、集団全体で共有される公共財のためにコストを払わず、その利益だけを享受する人に対して、わざわざコストを払ってまで罰する傾向がヒトにはある、というものだ。この傾向は利害に関係のない第三者にもあることがわかっている。こうした罰によって、集団内の協力行動が維持されているというのである。また、意地悪行動（spite）も罰の一種であると考えられている。これは最後通牒ゲームを使った実験でみられるものだが、最後通牒ゲームでは、たとえばAがBに対して一定の金額の分配を提案する。Bがその提案を受け入れれば、そのまま分配額が決まる。もしBが提案を拒否すれば、両者とも取り分は0円となってしまう。合理的に考えれば、この場合AはBに1円しか分配せず、Bはそれを受け入れるべきである。しかし、実際に実験を行ってみると、Aが約半分の金額の分配をBに提案することがほとんどであり、また

Bは不公平な分配を拒否することがわかっている。拒否すれば両者が損をするので、これは意地悪行動と呼ばれる行動パターンの一種なのだが、これもまた協力行動を維持するための罰として機能している。

　この強い互恵性が本当に存在するのかどうかということが、利他性は単なる過去の環境への心的な適応であるという進化心理学と、文化の重要性を強調する文化進化論の論争にとっての一つの鍵となっている。強い互恵性は、罰、つまりネガティブな互恵性だけでは成り立たない。協力が必要な場面では積極的に協力する、つまりポジティブな互恵性と一緒になってこそ機能する。そこから、積極的に罰を与える人は別の場面では積極的に協力する、つまりネガティブな互恵性とポジティブな互恵性が個人のなかで相関していることが予想される。山岸らによる研究では、この相関をみることにより、強い互恵性の存在を検証した（Yamagishi et al., 2012）。同じ実験参加者に最後通牒ゲーム、独裁者ゲーム、信頼ゲーム、そして囚人のジレンマゲームを行ってもらい、それらにおける意思決定の連関について調べたのである。独裁者ゲームとは、一定の金額を他の実験参加者と分け合うもので、最後通牒ゲームのように分配される側に拒否権はない。相手にいくら分配するかによって、純粋な利他性を測ることができる。信頼ゲームでは、AもBもいくらかの金額を持っており、まずAがBに一定の金額を渡すと、これが何倍かになった金額をBが受け取る。次に、今度はBが一定の金額をAに渡す。合理的に考えればBはAに渡す金額を0円にすればよく、そうするとAはBに渡しても損をするだけなので渡さなくなり、一切の交換をしないことが良い、となってしまう。つまり、Aが相手に渡す金額によって、相手への信頼度を測ることができるのである。囚人のジレンマゲームは、互いに協力すれば両者にとって得になるが、相手が協力のときに自分は非協力だと、互いに協力したときよりも得をする、という利得構造になっている。この場合も、合理的に考えれば非協力の方がいいので、両者が非協力を選択してし

まい、協力が実現されない。実験の結果、最後通牒ゲームにおける拒否と、独裁者ゲームにおける分配、信頼ゲームにおける信頼の度合いとの間に相関はみられなかった。囚人のジレンマゲームにおける協力との間には負の相関がみられた。また、自己主張の程度を測る尺度得点との間には正の相関がみられた。これらのことから、山岸らは最後通牒ゲームにおける拒否は協力関係を維持するための罰ではなく、不当な立場の押しつけを拒否し、相手に舐められないようにする無意識の戦略なのでないかと考えている。先に述べたように、間接互恵性の理論では評判が重要な機能を果たしている。この結果は、強い互恵性よりもむしろ間接互恵性が働いていることを示唆するものではないだろうか。ただ、これだけで強い互恵性の理論が否定できるわけではない。山岸らも述べているように、強い互恵性を検証するための手段として最後通牒ゲームが不適切だったということかもしれないのだ。

　強い互恵性の存在を巡っては、十数年前から激しい論争がある（Bowles & Gintis, 2011）。複数レベル淘汰の理論はヒトを含むすべての種における利他行動を説明することができ、文化の重要性を加味するとヒトの高い利他性も説明できる魅力的な理論である。しかし、その妥当性を巡っては、まだまだこれからの研究と議論が必要だろう。

Q & A

　Q1：ホモ・サピエンスはこれからも進化するのでしょうか？

　A1：今後、私たちの種が身体的に大きく進化することはあまり無いだろう。なぜなら、文化を持っているからである。過去の祖先種や他の動物種とは異なり、私たちは身体的な特徴を変えなくても、文化によって環境に適応することができる。

　Q2：自分の集団のために尽くすのは良いことなのでしょうか？

　A2：本章で述べたように、私たちには自分の属する集団のために行動す

る傾向が進化によって備わっている可能性がある。しかし、だからといってそれが「正しい」とは限らない。正しいかどうか、という価値判断は、私たちの生物学的特徴がどうなっているのか、ということとは独立して考えるべきである。ただ、それは生物学的特徴についての知識を価値判断に活かしてはいけない、ということではない。そう「である」からそうである「べし」とはいえない、ということである。

Q3：助け合いの盛んな社会をつくるにはどうすればいいですか？

A3：複数レベル淘汰の理論によると、集団間のばらつきが大きい、つまり集団の間に対立があるほど、集団内での協力は盛んになると考えられる。しかし、これでは集団を超えた協力は実現できない。ただ、私たちには高い知能がある。まずは私たちの協力行動がどう維持されているのかについて明らかにして、その知見を元に何をすべきか考える必要があるだろう。

【参考文献】

Bowles, S., & Gintis, H. (2011). *A cooperative species: Human reciprocity and its evolution*. New Jersey: Princeton University Press.〔竹澤正哲・高橋伸幸・大槻久・稲葉美里・波多野礼佳（訳）(2017).『協力する種』NTT出版.〕

Darwin, C. (1859). *On the origin of species by means of natural selection*. London: John Murray.〔渡辺政隆（訳）(2009).『種の起源〈上〉〈下〉』光文社.〕

Dawkins, R. (1976). *The selfish gene*. New York: Oxford University Press.〔日高敏隆・岸由二・羽田節子・垂水雄二（訳）(2006).『利己的な遺伝子』（増補新装版）紀伊国屋書店.〕

Davis, N. B., Krebs, J. R., & West, S. (2012). *An introduction to behavioural ecology*, Fourth edition. Oxford, UK: Wiley-Blackwell.〔野間口眞太郎・山岸哲・巌佐庸（訳）(2015).『行動生態学』原著第4版, 共立出版.〕

Dennett, D. (1995). *Darwin's dangerous idea: Evolution and the meanings of life*. London: Penguin.〔山口泰司（監訳）／石川幹人・大崎博・久保田俊彦・斎藤孝（訳）(2000).『ダーウィンの危険な思想』青土社.〕

Harman, O. (2010). *The price of altruism: George Price and the search for the origins of kindness*. New York: W. W. Norton.〔垂水雄二（訳）(2011).『親切な進化生物学者：ジョージ・プライスと利他行動の対価』みすず書房.〕

Henrich, J. (2015). *The secret of our success: How culture is driving human evolution*, *domesticating our species, and making us smarter.* Princeton: Princeton University Press.〔今西康子（訳）(2019).『文化がヒトを進化させた』白楊社.〕

Lorenz, K. (1963). *Das sogenannte Böse. Zur Naturgeschichte der Aggression.* London: Methuen Publishing.〔日高敏隆・久保和彦（訳）(1985).『攻撃：悪の自然史』みすず書房.〕

小田亮 (2013).「進化と人間行動」五百部裕・小田亮（編著）『心と行動の進化を探る』(pp.1-35), 朝倉書店.

竹澤正哲 (2019).「集団間葛藤と利他性の進化」『生物科学』70, 178-185.

Yamagishi, T. et al. (2012). Rejection of unfair offers in the ultimatum game is no evidence of strong reciprocity. *Proceedings of National Academy of Science USA 109*(50): 20364-20368.

6章　幸福には道徳が必要か

快楽主義・幸福主義・原始仏教

杉浦義典・丹野義彦

　2600年以上前の古代、ソクラテスやブッダは幸福について考え、よく生きることを実践していた。一方、心理学で幸福の実証研究が始まったのは比較的新しい。その理由の一つは、何が幸福かという価値判断は個人によって違うものであり、客観的に研究対象としにくいという違和感があったのであろう。この違和感は、ナイーブな直感にとどまらず、ギリシャ哲学以来の幸福の研究の大きな理論的潮流を分けるものでもある。それが、快楽主義と幸福主義である。ここでは、補助線として、原始仏教も加えて幸福と道徳に関する理論を対比してみよう。

1　幸福研究の三つの理論
──快楽主義・幸福主義・原始仏教

1-1　快楽主義

　快楽主義（Hedonism）は、ギリシア哲学者のアリスティッポスを背景とする考え方であり、ポジティブな感情を最大化する（かつネガティブ感情を最小化する）ことをもって幸福とする立場である。この立場を支持する議論は、価値判断を含まない倹約的なものであるということである。ポジティブ／ネガティブ感情は、報酬と罰への反応とし

て神経基盤も明らかになり、客観性の高いものである。

　この立場の操作的定義の代表的なものはディーナーら（Diener et al., 1985）の人生への満足感尺度である。特定の価値観を反映しないことで、社会調査にも含まれ、大規模な文化比較や、経済学や政治学の領域との学際的な研究に活かされている。また、カーネマンら（Kahneman et al., 2006）は、その瞬間、瞬間に経験されたポジティブな感情で幸福を定義することを提唱する。さまざまな認知のバイアスの存在を明らかにしたカーネマンらしく、幸福の内容を感情に絞るとともに、記憶による歪曲を回避するために、回顧的・要約的報告も避けるという徹底ぶりである。

1-2　幸福主義

　幸福主義（Eudaimonism）は、アリストテレスの思想が背景にある。この立場での幸福はeudaimoniaと呼ばれ、daimon（神霊）に祝福されるように生きるという意味であり（金山, 2018）、人が自身の可能性を最大限に発揮してよく生きることを幸福とみなす。アリストテレスの幸福論は『ニコマコス倫理学』にまとめられている。そこには卓越性（徳）が整然と並べられている。すなわち、Eudaimoniaには、一人一人がその可能性を最大限発揮するという側面と各種の美徳の目録という側面がある。この二つの面は、心理学の二つの理論的潮流に引き継がれている。一つは、内発的動機づけ研究を拡張した自己決定理論であり、もう一つはポジティブ心理学における美徳の研究である。

　自己決定理論　自己決定理論（Deci & Ryan, 2000）は、内発的動機づけの研究からスタートし、自発的に行動を選択したいという自律性への欲求、活動の中で有能感を感じたいという欲求、人との絆（関係性）を持ちたいという三つの基本的欲求の充足が幸福につながると考

える。人が自身の可能性を最大限に発揮してよく生きることを具体的にしたものといえる。

　美徳の目録　ポジティブ心理学の提唱者であるセリグマン（M. Seligman）らはアリストテレスも含めた広範な古典の渉猟から、人の心理的な強みや長所を24に分類したValues in Action Inventory of Strengths（VIA-IS）を示した。個々の強みを包括する上位因子は美徳とされている。この略称である「VIA」は、何の頭文字か明示せずに使われるようになり、virtues in actionを指すともされるなど、道徳的な色彩の強いものである。尺度は理論ではないと思われるかもしれないが、アリストテレスは、事象を体系的に整理して分類するという現代まで引き継がれる方法を作り上げた人である。VIAの内容は、ニコマコス倫理学に列挙される美徳と類似したものである。目録という一つの理論の形態であるといってよいだろう。

1-3　原始仏教の幸福感 —— 戒定慧の三学

　近年、注目されるマインドフルネス瞑想の基盤となる原始仏教は、仏教の歴史の中でも最も古い、歴史上の人物であるブッダその人が実践し教えたものである。原始仏教では人間にとって苦悩が不可避であること、そしてその苦悩は人間の執着によって生じていることを前提として、その低減を目指すものである。その実践法は、さまざまな観点から整然と構造化されているが、ここでの議論と関連の深いのは、戒・定・慧という3段階で修業が進むとする三学である。瞑想は定に相当し、感情や衝動をよく観察し、適切な介入の機会を見出そうとするものである。この観察は始めは難しいため、まず前提として不道徳な行動をしてしまう傾向に注意し、それを避ける「戒」を練習する。この戒と定を続けることで、苦悩のしくみに関する深い洞察（慧）が生じ、心の平安がもたらされる。重要な点は、幸福になるための実践

は瞑想だけではないということである。道徳（戒）は、瞑想の前提としての位置づけである。

1-4　バトルのルールを定義する

三つの理論を見たとき、幸福には道徳が必要かという共通の問いが浮上する。これに三つの観点から答えてみたい。第一に、感情制御の研究である。感情のみで適応を決められるのかを検討する。第二に、道徳心理学である。幸福には道徳が必要かという場合の道徳が何を指しているかを明確にする。第三に、心理療法の研究である。それらは、原始仏教に由来するマインドフルネス瞑想や、ストア哲学の流れをくむ認知療法のように、古来の道徳的実践を継承したものが多い。今は、それらの効果のエビデンスが蓄積されている。

2　強いネガティブ感情が不適応とはいえない
── 快楽主義への反論

不安や悲しみは誰もが経験する感情である。生活への支障の程度が著しくなると不安症やうつ病という疾患になる。快楽主義からは、ネガティブ感情を弱める（なくす）ことが適応的だと導かれる。感情を適切な状態におくことを感情制御と呼び、感情が生起し、経験され、持続するいずれかの過程においてそれを強めたり弱めたりすること、と定義される。感情を弱めることだけが目的ではないのである。では、改めてどのような感情が適応的といえるのか。ここでは、感情の強さ自体は治療すべき問題ではないことを論じる。むしろ、それは病的な不安を低減することもある。一方、不安や抑うつに苦しむ人は、不安は排除すべきものと強く信じている。つまり、快楽主義的な素朴理論

をもっている。

2-1　適切な感情制御とは？

　進化論では、感情は高速に作動して、目下の行動を中断させ、環境の中にある重要な刺激に素早く注意を向けさせる機能を持つと考える。歩いているときに、ふいにボールが飛んで来たり、ヘビが出現したり、といった危険に素早く気づくために不安は役にたつ。いわば、警報装置のようなものである。

　警報装置が適切にはたらくということは、危険なときにはもれなく反応するということである。脳の中で不安を起動する部位である扁桃体を損傷したサルは危険なことが判断できず、ヘビをつかんだり食べたりしようとする。サイコパシーというパーソナリティ傾向の強い人は、不安を感じにくいため、躊躇なく反社会的行為を行ってしまう。これらの例から、不安を感じられなくなることが深刻な問題につながることがわかる。

　警報装置は「誤報」が少ないことも大事である。例えるなら、重要なメールが迷惑メールとされて届かないことが多いのは困る。不安症の人は、誤報が多い人といえる。ある研究では、スマートフォンを使って一日に複数回、不安の程度を答えてもらった。これによって、時間経過とともに不安がどのように変動するのかがわかる。このデータを、不安症の治療の前後で比較したところ、治療後には不安の変動から規則性が減少した。規則的というと秩序があり適切にコントロールされているという印象をもたれるかもしれないが、感情の本来の機能は、予期せぬ状況に対応するための警報装置であった。予期せぬ危険を検出するための機能であれば、それがいつ強まるかは予測できない方が自然である。不安の変化に規則性があるのは、警報装置としての本来の機能をはたしていないことがわかる。言い換えれば、不必要に

鳴動しているのである。

　最後に警報装置にとって重要なのは、とっさの危険回避を助けるのに、ちょうどよい程度の短い鳴動時間ということである。車のクラクションは、危険に気づかせ、とっさにハンドルをきったり、ブレーキを踏むのに十分なだけ鳴らせばよい。いつまでも鳴らし続けていたら、ケンカになるだろう。いやなことについて長時間考えてしまう反復思考という症状は不安症やうつ病を強める。大事な試験が迫っていることを意識させ、遊びたいのを勉強に向ける程度にネガティブな認知が生じるのは適応的である。しかし、試験に失敗したらどうしようということばかり悩み続けていたら、勉強の時間や気力が損なわれてしまう。頭の中で警報を鳴らし続けることは問題である。

2-2　強いネガティブ感情は不安症状を低減する

　警報機の比喩からは、適応的な感情とは、特定の状況に対して、鋭敏にかつ短く生じるものである。それが生じないことも尾を引くように続くことも問題である。もちろん、必要のないときに何度も生じるのも適応的とはいえない。しかし、感情が強いことだけでは問題にならない。

　むしろ、たとえネガティブであっても強い感情は不安症などの治療に有益に機能する。不安を喚起する状況に直面してもらうエクスポージャーという治療が奏功するためには、恐れていることに直面したときに不安が最大限に高まることが必要である。不安症の人は、不安を取り除くべきであるという素朴理論ゆえに、不安が高まらないようにするための回避行動を行う傾向があるため、それを取らせないようにしながらエクスポージャーを行う（反応妨害法）。

　一見直感に反するようであるが、強い（かつ持続時間の限られた）不安が症状を低減させるのである。この仮説を検証するために、まず、

感情を喚起する状況を描写した短文に対して、どの程度の強さの感情を感じるか測定し、同時に全般性不安症状も測定した（Sugiura & Sugiura, 2015）。そして、3か月後に再び全般性不安症の症状を測定した。その結果、描写された状況へのネガティブ感情の強度が強い人の方が、3か月後には全般性不安症が低下していた。ただしこの効果がみられるには条件があり、感情を避ける傾向が低い場合に限ってみられた。

　まず、ネガティブな感情反応の強度が強いと、3か月後の不安症状は低下することが示された。感情反応という表現をしたのは「不安になりやすい」「怒りっぽい」といった慢性的な感情ではなく、特定の状況の描写に対する反応であることを強調するためである。漫然と続く感情は本来の機能をはたしていない。次に、感情反応の強度が不安症状を低下させるためには、感情を避ける傾向が低い場合という条件があった。感情は警報装置であり、避けるべきものがあるとすれば、感情が「検出」した危険が現実的なものである場合である。しかし、不安症の人はその素朴理論ゆえに、いつ生じるかわからない不安感情に常に警戒を続けてしまう。その結果「いつまた不安に襲われるか」という不安感が慢性的に続くことがある。この研究から、強いネガティブ感情が不適応とはいえないし、強いネガティブ感情を避けるべきという快楽主義的な素朴理論は、むしろ不安症を悪化させることがわかる。

3　一貫した道徳基盤から反社会的な行動が生じうる
── 幸福につながる道徳とは

　優等生だった子どもが、社会人になって汚職やパワハラのような不正を行うといった行動を、どのように理解できるのだろうか。パーソ

ナリティは人の行動を理解するときに、二つの点で役にたつ。第一は、時間的に隔てられた行動の一貫性を理解することである。第二は、他者からみて道徳的に矛盾した行動が、その人の中では一貫した道徳に従っていることを理解できることである。人が他者から見て矛盾した行動をとっているように見えることは、実は矛盾でも問題でもない。パーソナリティはそもそも、異なった事物でも、ある人にとって同等の意味をもつようにさせたり、逆に、同じ事物であっても人によって異なる捉え方をするようにさせる心のしくみである。

　道徳基盤理論では、道徳的な判断をするときに重視する基準には5種類あると考え、どれを重視するかはパーソナリティであると考える（近年では、判断基準が5種類よりも多いという研究や、異なった分類法も提唱されているが、ここでの議論の趣旨には影響しないので、5種類と考えておく）。

- 傷つけず、思いやる
- 公平にふるまう
- 仲間への忠誠
- 権威への服従
- 神聖さ

　権威への服従を重視する人は、目上の人のいうことにまじめに従う。学校では先生から求められたように、勉強をまじめにやり、生徒指導にも反抗しない。その結果、学校教育の目標に合致した望ましい子どもになるだろう。優秀な成績を収めて社会人になったときには上下関係を重んじる。一部の職場では、この性質は特に有利である。先輩や上司からの理不尽な厳しさにも、不満や反発ではなく敬意によって対応する。つまり、好ましい人格形成を目指す教師も、高圧的なパワハラ上司も、この人によっては、権威を持つ人、という同じ位置づけで

ある。どちらにも従順に従うという行動が、そのパーソナリティから生じる。しかし、自分が会社で年長になり地位が上がれば、後輩や部下にはかつての自分のように厳しさを受け入れることを当然のように要求する。権威を重視する人以外にとっては、パワーハラスメントそのものであろう。もちろん、自分よりもさらに地位の高い人には率先して従う。不正といわれることであっても、上からの指示であれば粛々と実行する。権威への服従を一貫して守ることが、清く正しい児童にも、パワーハラスメントにも、汚職にも、矛盾なくつながる。

このように、異なる道徳基盤を重視する人は、異なる行動をそれぞれ正しいと信じて行うことがある。パーソナリティは、人の行動に表面的な印象を超えた一貫性を読み取ることを助けてくれるものである。優等生が長じてパワハラ上司になるという「矛盾」も、その人の道徳基盤のレンズを通してみれば、一貫して目上の人を尊敬するという道徳観をまじめに実践してきただけである。この研究から示唆されるのは、道徳を守ることで道徳的でない行動が生じることもあるということである。仲間を重んじれば、排他的にもなりうる。神聖さを汚すものへの粛清もありうる。一方、傷つけず思いやることのダークサイドは想像しづらい。この基盤は進化的な基盤も強く、通文化性も強いとされている。次に、傷つけず思いやることが幸福に不可欠であることを示す知見をみよう。

4　マインドフルネスは道徳（思いやり）を欠くと逆効果になる ── 原始仏教と幸福主義への支持

マインドフルネス瞑想は、うつ病などの治療法と同時に、注意機能を向上させる手続きとして認知心理学からも注目されている。昨今、マインドフルネス瞑想は企業の研修など多くの場面で用いられるよう

になった。本来は、心の平安を保つための方法であり、思いやり（慈悲）の気持ちを育てるための方法が、競争的な営利企業の活動のために用いられることに懸念を覚える人もいるだろう。

　この懸念に答えるためには、3段階で検討する必要がある。第一は、集中力などの注意機能は悪用されるものであるのか。第二は、マインドフルネスのスキルの場合でも悪用されうるのか。第三は、注意機能が悪用されうるとしてマインドフルネス瞑想には、それを防止する機能があるのか、である。

　前提として、基本的な技法とそれが奏功するメカニズムを簡潔に述べる。まず、力が入りすぎず、かといって眠くもならない自然な姿勢を作る。そして、自然に生じている呼吸に注意を向ける。これも意識して特別な呼吸を行う必要はない。自然に生じている呼吸、鼻や口から空気が出て入る様子や、それと一緒に胸やおなかの動く様子を観察する。早晩、呼吸から意識がそれてしまう。そんなときは、注意がそれたということに気づき、淡々と呼吸に注意を戻す。往々にして、人はそのようなときに、自分の集中力のなさに悩んだり、瞑想の「退屈さ」にいらだったりというかたちで、呼吸からそれた注意をさらに呼吸から遠くへ離してしまいがちである。そのようにする代わりに、呼吸から意識がそれたことに「気づけた」事実を認めてあげて、優しく呼吸に注意を戻すこともできる。呼吸から注意がそれたときに浮かぶ、自分や他者を責めるような認知は、まさしく認知療法でいうネガティブな自動思考である。自分の体験に自動思考とは違うかかわりをすることで、抑うつや不安が低減される。同時に、呼吸のような目立たない刺激をはじめとした自分の体験を詳細に観察する練習をつむことで、日常をあわただしく過ごしていたときには見過ごしてしまうような幸福を見つける力も向上する。

4-1 優れた注意機能は悪用されるのか
── サイコパシーの場合

注意機能が悪用される可能性を示唆する実証的な知見は、サイコパシーの研究から得られた。サイコパシーというパーソナリティ特性の高い人は、共感性や不安が低く、反社会的な行動を繰り返す傾向がある。もとは犯罪心理学の分野から出てきた概念であるが、犯罪者以外にも広く分布するパーソナリティ特性である。サイコパシー特性の高い人は、不安が低いために、危険な行動や規範に反する行動への抑止力が働かない。不安を感じにくいメカニズムの仮説の一つとして、不安を喚起する刺激から目をそらしている、とする反応調整仮説というものがある。特定の刺激から目をそらすためには、関心のない情報を無視できるような注意の選択性が高いことが必要である。

注意機能を測定する実験では、ディストラクタと呼ばれる目下の課題とは無関連かつ誤答を誘導するような妨害刺激を含めることがある。これは無視する必要があるが、つい引っかかってしまうこともある。たとえば、画面中央の円周上に並んだアルファベットの中に、XかNという文字があるかどうかを答えてもらう。課題では、あくまで円周上に並んだアルファベットについて反応を求めているのだが、円周の外側にもXやNという文字が現れる。これはディストラクタであり、無視できないと課題の遂行が遅れたり、誤答が生じたりする。この実験の結果、サイコパシー傾向の高い人は、ディストラクタの影響を受けにくいことがわかった (Sadeh & Verona, 2008)。つまり、無関連な刺激を無視する能力が優れているのである。

反応調整仮説は、もともと不安の低さを説明することを目的としていた。一方、共感も他者の心中を想像し、あたかもその人になったかのごとくに感情を代理体験するものであり、感情と共通するメカ

ニズムを持っている。そこで、反応調整仮説をサイコパシー傾向者の共感性の低さを説明することに応用した研究も行われた（Tamura et al., 2016）。他者の状態に目を向けないように無視してしまえば共感は生じにくくなると予想される。注意課題の成績から、ディストラクタの影響を受けやすい人と受けにくい人を比較したところ、ディストラクタの影響を受けにくい場合、サイコパシー傾向の高い人ほど共感性、とりわけ苦しんでいる人への思いやり、が低くなることがわかった。

　人は社会的動物であるため、他者の苦しんでいる様子は自動的に注意を惹きつけるものである。ところが、サイコパシー傾向の高い人が、ディストラクタの影響を受けにくい注意機能を備えていた場合、自分の関心のみに注意を向け、他者の苦しみを無視するという状態が生じていると解釈できる。ディストラクタの影響を受けにくいというのは、気が散りにくく、集中力の高い、ともいうことができる。通常は望ましい認知機能が、その人のもつ目標（サイコパシー傾向の高い人は自分の利己的な目標を最優先する）によっては悪い方向に働く可能性を示している。

4-2　マインドフルネスのスキルが悪用されることはあるのか
── 有害事象の検討

　ここでマインドフルネス瞑想に話をもどそう。マインドフルネス瞑想は、注意機能の訓練、たとえばディストラクタに妨害されない練習、と同じものではなく、それらを含んだより幅の広いものである。基礎的な研究で用いられる実験課題は、注意や記憶などの働きを、さらに細かく分けて捉える用途で研ぎ澄まされたものである。そのため、その測定対象は、日常生活で有用となるスキルと比較すると、相当に幅の狭いものである。

　次の段階の検討として、注意機能をも含んだマインドフルネスのス

キルが悪用されることがあるのか、を考える必要がある。マインドフルネス瞑想に限らず、あらゆる臨床介入では好ましくない結果（有害事象）が伴う可能性に留意する必要がある。薬物療法の副作用は注目されるが、心理的な介入も例外ではない。マインドフルネス瞑想は、マインドフルネスというスキルを向上させるためのトレーニングである。そのため瞑想の具体的な技法と同時に、マインドフルネスのスキルを測定する尺度も開発されている。マインドフルネスの尺度と「他者を傷つけず、思いやる」という道徳性を同時に測定したところ（砂田・杉浦, 印刷中）、他者を傷つけないという道徳が欠けている場合、マインドフルネスのスキルが自分の利益のために他者を攻撃する傾向を高めることが明らかになった。さらに、マインドフルネスと幸福をつなぐ効果もみられなかった（砂田ら, 2019）。つまり、他者を傷つけず、思いやる傾向の低い人は、マインドフルネスのスキルを悪用する可能性があると同時に、幸福感も得られないことが示唆された。

4-3　マインドフルネス瞑想には思いやりが不可欠である

　では、マインドフルネス瞑想は、倫理の欠けた人によって悪用されるといってよいのだろうか。紹介した研究では、確かに道徳性を欠いたマインドフルネスでは効果が出ない可能性を示している。広い社会のどこかで、そのような「実践」がなされている可能性には気をつける必要があるだろう。

　一方で、基礎的な研究では、現実を細かく切り分けた上で、要素間の相互作用を見るという方法をあえて用いている、ということを再度確認しておくことが有用である。紹介した研究では、他者を傷つけず思いやる、という道徳の高い場合と低い場合で、マインドフルネスのスキルの効果を比較している。これは、道徳の効果をあぶりだすための研究の戦略である。一方、実践法としてみた場合、道徳の要素を取

り除いたマインドフルネス瞑想というものは、そもそもマインドフルネス瞑想ではない。言い換えれば、マインドフルネス瞑想がその本来のかたちでなされた場合に、悪用されうることを示唆する知見ではないのである。

マインドフルネス瞑想では、自分の体験を観察するときには優しいまなざしでもってする。たとえば、呼吸に注意を向けているときも、意識はあちこちに飛び回るものである。そんなときに自分の集中力のなさを責めたり、瞑想の退屈さにイライラするのではなく、むしろ、飛び回る意識に気づけたことを喜び、淡々と呼吸に注意を戻す。このように観察することの中には優しさが存在する。マインドフルネス瞑想では、グループでセッションを行うことが多く、そこでは注意がそれたり、自分のやり方が正しいかどうか不安に感じたり、といった体験を参加者同士で共有する。瞑想をガイドする人は、そのグループの中で思いやりの雰囲気を醸成するようにする。臨床的な実証研究の意義の一つは、優れた臨床家であれば自然に行っていることを明示的にすることである。マインドフルネス瞑想においては道徳的な実践という部分が抜け落ちないように留意する必要がある。この実証研究の知見は、瞑想の初心者には有益なアドバイスとなるだろう。

5 止揚

ここまでの議論で、ポジティブ感情の多さ（ネガティブ感情の弱さ）だけでは幸福を定義しがたいこと、他者を傷つけず思いやるという道徳は幸福の向上に不可欠なものであることがわかった。これらは、幸福には道徳が「含まれる」という回答を与えるといえる。

しかし、ここまでで触れていない一つの問題がある。幸福主義と快楽主義に基づく尺度の相関は強い（Keyes et al., 2002）。概念上は対立

するも、測定結果は大きく重複することをどのように説明できるだろうか。ここで、感情と道徳の強い結びつきを指摘できる。道徳の中でも他者を傷つけず、思いやるというのは共感に支えられたものである。共感はあたかも他者になったようにその気持ちを追体験するというように感情とメカニズム共有している（金井, 2013）。実際、扁桃核という脳の小器官は自分が不安などのネガティブな感情を経験するときにも、他者の恐怖表情を認識するときにも活動する。同様に、前部帯状皮質は、自分が注射をされて痛い思いをするときにも、他者が注射をされているのを見るときにも活動する。このように、脳のレベルでみても感情と共感は切り離せない。

　最後にもう一度理論にもどろう。プラトンの著書で描かれるソクラテスは、問答などを通じて探求をともに歩むことを重視している。この共同性は、弟子のアリストテレス、さらにその後のヘレニズム期の哲学諸派にも引き継がれている（金山, 2018）。ヘレニズム期の哲学者の一人、エピクロスは快楽主義の源流のようにとらえられることもあるが、本論ではその文脈では言及しなかった。その幸福論は友情を重んじ、心穏やかでいられるように過ごそうというものである。悪事を働いたり、人と調和をしなければ心穏やかではいられない。進化論の影響を受けた、適応のため情報源として巧みに機能するものという現代的な感情観と驚くほど似ている。感情は、そもそも道徳を含んだものかもしれない。

Q & A

　Q1：パーソナリティが反動で逆転することはあるでしょうか？

　A1：優等生だった子どもが、社会人になって汚職やパワハラのような不正を行ったときに、子ども時代に勉強ばかりしていた反動が大人になってから現れたと言われることもある。人のパーソナリティが「反動」と表現できるようなかたちで逆転することがあるのか、を検討しよう。

パーソナリティは、人の行動にある一貫性を説明するための概念である。ビッグファイブで表現できるようなパーソナリティ特性は、生涯を通じて一貫している。まじめでいた子どもが「反動」で反社会的なパーソナリティに変容するといったことは考えにくいのである。パーソナリティが大きく変化するというのは、定型的な発達というよりも、何らかの疾患の発症を示唆する。たとえば、アルツハイマー型認知症の初期症状としてパーソナリティ特性が変化する。

　ただし、「反動」のようにみえる現象もある。たとえば、自己制御資源の枯渇である。感情をコントロールすること、誘惑に打ち勝って努力をすること、複雑な問題を考えること、など一見異なった行動は、いずれも自己制御という心のしくみであり、共通の心的資源を用いている。自己制御資源を使う処理をあまりたくさん行うと（まじめな人の行動である）、一時的に資源が枯渇し、衝動的な行動が出てしまうことがある（まじめな人らしくない行動である）。これはあくまで一時的な変動であり、パーソナリティの変化ではない。

　Q2：脳の機能はトレーニングできるのでしょうか？

　A2：多くの研究結果をレヴューした結果、訓練した当該の認知機能は向上するものの、それが感情や対人関係の向上には波及しにくいことが明らかになった（Moreau & Conway, 2014）。研究用の課題は、そもそも特別に機能を絞り込んだものである。認知機能の向上によって好ましい効果を得るためには、学問や瞑想のような、ある程度の幅のある活動が必要である。

　Q3：心理療法の効果を客観的に測ることはできるのでしょうか？

　A3：幸福に関する哲学のルーツであるソクラテスやブッダからわかるように、幸福とは静的な命題ではなく、よく生きるという実践である。実践というものが実証研究の俎上に乗りにくく感じられることが、幸福の実証研究の始まりの遅れに寄与している可能性もある。しかしながら、心理学

に基づいた実践の代表である心理療法の効果を実証する方法論が発展したことが、その状況を打破した。ブッダの実践に由来するマインドフルネス瞑想が、2500年以上を経て注目された契機も効果研究の知見にあった。

　心理療法の効果というものは、あいまいなものである。客観的・量的に示すといったことがはたして可能なのだろうか？　確かに、これまでは、そんなことは不可能と思われてきた。しかし、心理療法を行うにあたっては、治療の効果を常にモニターして、一つの技法に固執することなく、効果のある技法を選んでいく必要があるし、また、支援対象者に対して「これから行う心理療法にはこのような効果がある」と明らかにすることは、インフォームド・コンセントの観点からも必須である。そこで、心理療法の効果を測定する多くの手法が開発され、それが可能となった。こうした研究は「治療効果研究」と呼ばれる。

　治療効果研究の第一歩は、客観的な基準を用いて診断することである。このために客観的な診断基準が用いられるようになった。どのような障害を対象としたのかによって、心理療法の効果は大きく変わってくるからである。

　第二は、治療効果を調べる場合、単に「かなりよくなった。あまりよくならない」といった質的・主観的な表現にとどまらず、どのくらいよくなったのかを量的・客観的に示すことが必要となる。そのために、診断面接基準や症状評価尺度、症状評価質問紙といった測定の道具が開発されている。

　第三は、多数の事例を検討することである。心理療法の最も基本的な研究は、一事例研究（一人の支援対象者についての研究）である。しかし、一事例研究には、その治療が他の事例にも当てはまる一般性を持つのかが判定できないという限界がある。そこで、治療効果を調べるためには、その治療法が多数の事例にも効果があるかを調べなければならない。

　第四は、比較試験（controlled trial）を行って、治療効果についての確実な結論を得ることである。治療しない対照群を別に設けて、それと治療群

を比べる方法である。このような手続きを用いないと、その治療法が本当に効果があるのか、治療以外の要因によって変化したのかを客観的に判定できない。実際の臨床場面では未治療対照群を設けることが難しいことも多いので、それに準じる方法が考えられている。たとえば、待機リスト対照法（一定期間待機してもらい治療をはじめ、この待機期間を未治療の対照群とする方法）、プラシーボ治療対照法（臨床場面でふつうに用いられている治療法を行い、これを未治療の対照群とする方法）などである。

第五に、さらに厳密な方法として、無作為化比較試験（randomized controlled trial：RCT）がある。これは、治療群と対照群に割り付ける際に無作為に行う比較試験である。多数例研究や対照試験でいくら効果があるとされていても、RCTで否定されてしまうと効果があるとは言えなくなる。

第六に、心理療法の効果を客観的にあらわすために、「効果量」という指標が用いられるようになった。効果量は、次の公式で求められる。

$$効果量 = \frac{（治療群の平均値）-（未治療対照群の平均値）}{（未治療対照群の標準偏差）}$$

効果量は、一種の偏差値であるため、どのような症状尺度からでも算出できる。効果量が0ならば治療の効果はまったくないことを示す。効果量の値は大きいほど、治療の効果が高いことを示す。効果量がマイナスの値ならば、治療によって悪化したことを示す。このような指標が考えられたことによって、心理療法の効果を量的にあらわすことができるようになった。

以上のように、治療効果研究の方法論を駆使して、治療の効果を調べ、効果を明らかにしながら臨床活動を行っていく考え方は「実証にもとづく実践」（evidence-based practice）と呼ばれている。

【参考文献】

Deci, E. L., & Ryan, R. M. (2000). The "what" and "why" of goal pursuits: Human needs and the self-determination of behavior. *Psychological Inquiry, 11*(4), 227-268.

Diener, E., Emmons, R. A., Larsen, R. J., & Griffin, S. (1985). The satisfaction with life scale. *Journal of Personality Assessment, 49*, 71-75. doi: 10.1207/s15327752jpa4901_13

Kahneman, D., & Krueger, A. B. (2006). Developments in the measurement of subjective well-being. *Journal of Economic Perspectives, 20*(1), 3-24.

金井良太 (2013).『脳に刻まれたモラルの起源：人はなぜ善を求めるのか』岩波書店.

金山弥平 (2018).「ソクラテスからヘレニズム哲学にいたる『よく生きるための知』」『心理学評論』*61*, 295-300.

Moreau, D., & Conway, A. R. (2014). The case for an ecological approach to cognitive training. *Trends in Cognitive Sciences, 18*(7), 334-336.

Sadeh, N., & Verona, E. (2008). Psychopathic personality traits associated with abnormal selective attention and impaired cognitive control. *Neuropsychology, 22*(5), 669-680.

Sugiura, Y., & Sugiura, T. (2015). Emotional intensity reduces later generalized anxiety disorder symptoms when fear of anxiety and negative problem-solving appraisal are low. *Behaviour Research and Therapy, 71*, 27-33.

砂田安秀・杉浦義典（印刷中）.「マインドフルネスは有害な行動にむすびつくか？：マインドフルネスと能動的攻撃の関連に対する危害／ケアの調整効果」『パーソナリティ研究』

砂田安秀・杉浦義典・伊藤義徳 (2019).「マインドフルネスに倫理は必要か？：マインドフルネスと無執着・視点取得の関連に対する倫理の調整効果の検討」『パーソナリティ研究』*28*, 150-159.

Tamura, A., Sugiura, Y., Sugiura, T., & Moriya, J. (2016). Attention moderates the relationship between primary psychopathy and affective empathy in undergraduate students. *Psychological Reports, 119*, 608-629.

7章 「心の文化差」はあるのか

個人へのアプローチ、社会へのアプローチ

村本由紀子

社会・文化心理学領域における「理論バトル」を挙げよと言われて、筆者が最初に思い浮かべるのは、今から20年ほど前の『社会心理学研究』誌上で繰り広げられた、山岸俊男氏と北山忍氏による知的刺激に満ちた討論である（北山, 1999; 山岸, 1999）。いずれ劣らぬオリジナリティの高い心理学理論を確立し、高い国際的評価を得た両氏がたまたま日本人どうしであったがゆえに、私たちはそのハイレベルな議論に日本語で接する幸運に恵まれた。その後も、両氏とその研究チームを中心とした理論バトルは舞台を変え、また新たな参戦者も加わって、幾度となく繰り返されてきた（たとえば、石黒・亀田（編）, 2010; 山岸（編）, 2014）。「心と文化」に関わる領域の研究は、こうした文字どおりの切磋琢磨によって、大きな理論的発展を遂げてきたように思う。

本章では、この領域の多くの研究者に影響を与えた二つの理論（ここでは「文化心理学アプローチ」と「適応論アプローチ」と呼ぶことにする）について、限られた紙幅の範囲で概略を振り返ったうえで、その後の研究への示唆を筆者の理解の範囲で述べることとしたい。まず確認しておくべき重要な前提は、いずれの理論も「マクロな社会環境とマイクロな個々人の心理や行動原理との相互規定的な関係」を探究するという基本理念を共有しているということである。しかし以下に述べるとおり、二つの理論は、この基本理念にどの方向から光を当てるかという点で、大きく異なっている。

1 「文化的存在たる個人」への
文化心理学アプローチ

1-1 文化心理学アプローチの理論的視座

　文化心理学（cultural psychology）の第一人者であるマーカスと北山
（Markus & Kitayama, 1991）は、思考・感情・動機づけといった個人
の「心のプロセスを、それぞれの集団がその歴史の中で蓄え、作り出
してきた社会・文化的プロセスの一部として理解」することを志した
（北山, 1998, p.5）。ここでいう社会・文化的プロセスには、人々の会話
や礼儀作法、子育てのしかた、さらには教育や司法、経済に関わる制
度やシステムなどが含まれ、これらは個人の心のプロセスと「相互構
成」的な関係にある。

　文化心理学では、「心の要素と社会の要素の両者からなる複合体を
分析のユニット」として、「個人の持つ個々の心理プロセスを社会・
文化システムの一部、一つの位相として概念化する」（北山, 1999,
pp.61, 62）。この立場では、社会・文化の特質は個人の心に影響を与え
る要因として外在するのではなく、心のうちに埋め込まれていると仮
定される。この考え方は、「心と文化をそれぞれ別個に措定した上で、
その両者の双方向的因果律を検討する相互作用論とも一線を画す」も
のである（北山・宮本, 2000, p.59）。

　彼らの理論的視座は、それ以前の古典的な比較文化心理学（cross-
cultural psychology）にしばしば見られたような、国や地域の文化を独
立変数として人々の心理・行動傾向の差を説明しようとする考え方と
は異なっている。文化を独立変数として扱うには、国や地域を越えて
共通の意味を持つ文化の次元（軸）を想定し、その次元の中での相対

的な位置の違いによって各々の文化の特質を表現するという方法がとられる。たとえばホフステッドらが見出した個人主義・集団主義は、人々が個人の目標と集団の目標のいずれを重視するかを示す、グローバルな次元の一つである（Hofstede, 1980）。

　これに対して文化心理学は、心の性質の潜在的な多様性を前提として、その多様性を生み出すそれぞれの文化の「意味構造」を解き明かそうとする。とはいえ、古典的な比較文化心理学研究が採用してきた「比較文化実験」という方法論そのものを否定するわけではない。文化心理学においては、同じ実験条件のもとで異なる国の参加者が異なった反応のパターンを示すという実験結果を得たうえで、そのような反応の差異を、心と文化の多様な関係を定式化した独自の理論モデルを用いて巨視的に解釈することを志向する。以下に述べる「文化的自己観（cultural construal of the self）」は、この領域を代表する理論モデルの一つである。

　文化的自己観とは、「ある文化において歴史的に作り出され、暗黙の内に共有されている人の主体の性質についての通念」であり、「相互独立的自己観（independent view of the self）」と「相互協調的自己観（interdependent view of the self）」に大別される（Markus & Kitayama, 1991）。欧米で優勢な相互独立的自己観によれば、自己とは他者や周囲の物事から区別され、切り離された実体であり、周囲の状況とは独立にある主体の持つさまざまな属性、たとえば能力・才能・性格特性などによって定義される。これに対して、東アジアで優勢な相互協調的自己観によれば、自己とは、他者や周囲の物事と結びついて社会ユニットの構成要素となるような、本質的に関係志向的な実体であり、人間関係そのもの、あるいはそこにある関係性の中で意味づけられた自己の特徴によって定義される（図7‑1）。

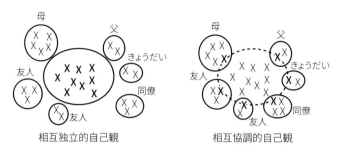

図7-1　文化的自己観のモデル図
（Markus & Kitayama, 1991 に基づき作成）

1-2　文化心理学アプローチに基づく実証研究

　ここでは、ユニークネスをめぐる文化差を扱ったキムとマーカスの「ペン選択実験」（Kim & Markus, 1999）を例にして、文化的自己観の理論と実証的知見との関わりを概観する。キムらは、サンフランシスコ空港で搭乗を待つ旅行者にアプローチして簡単なアンケートへの協力を依頼し、謝礼としてペンを提供するという実験を行った。実験者はバッグから5本のペンを取り出して、その中から1本を選ぶよう参加者に求めるが、取り出されたペンのボディカラーは2色あり、各々の数が4対1または3対2となるよう操作されていた。このとき、欧米人の参加者は少数色のペンを、東アジア人の参加者は多数色のペンを選ぶ傾向があった。たとえばペンの色が4対1の場合、1本しかないペンを選択した者の比率は、アメリカ人77％、日本人31％だった。

　キムらはこの結果を踏まえて、欧米人と東アジア人の間にはユニークさをめぐる選好の文化差が存在すると指摘し、そのような差が生じるメカニズムを文化的自己観の観点から考察した。すなわち、少数色を選ぶ行動は、相互独立的自己観のもとで育まれた、他者と異なるユニークさを希求する心の性質の表れであり、多数色を選ぶ行動は、相

互協調的自己観のもとで育まれた、他者の期待や行動への同調を好む心の性質の表れであると理解された。

その後、文化心理学アプローチに基づく比較文化実験は、心の文化的性質を潜在的・非意識的なレベルで抽出する測定法や実験パラダイムの導入によってさらに発展した。近年では、神経科学とのコラボレーションを通じて「文化の中心傾向が脳の回路の中にまでしみ込んでいる」さまを描き出す試みが進んでいる（北山, 2012, p.28）。たとえば、自己や他者について考えているときの脳活動をfMRIで計測した比較文化実験（Zhu, Zhang, Fan, & Han, 2007）では、自己について考えているときに顕著に活性化するとされる脳領域が、中国人参加者の場合には母親について考えているときにも同様に活性化していることが示され、相互協調的自己観の反映として理解された。アメリカ人参加者の場合には、そのような結果は得られなかった。「文化神経科学」と名づけられたこの学際領域は、個人の神経基盤に分け入る最新の研究手法を得て、着々と新たな知見を蓄積している。

2 文化的行動を引き出す「社会環境」への適応論アプローチ

2-1 適応論アプローチの理論的視座

文化心理学と異なる理論枠組みを用いて心と社会の相互規定関係を探究してきた山岸（2010）は、個人の心理・行動傾向を、当該の個人が身を置く社会的状況に対応する「適応戦略」の反映として捉える。その中心的なアイデアは、生物が自らの行動によって適応環境を構築するという、進化生物学における「ニッチ構築」である。個人は、自分が身を置く社会環境、およびその環境下で人々に共有されている信

念や価値に注意を払い、それらに対して適応的な（つまり多くの他者から望ましい評価を得られるはずの）行動をとる。そしてまた、多くの人々が当該の行動をとることによって、その行動を是とする共有信念が自己維持的に再生産される。文化とはこうした共有信念の自己維持システムであり、文化的な心理・行動傾向は、その社会で生き抜くための適応戦略の集合として捉えられる。ここでは、個人の行動の規定因としての当人の選好はさほど重視されておらず、研究者の関心は、特定の行動が適応的になるような社会環境の特質を見極めることに向けられる。

　鍵となる社会環境として山岸らが特に注目したのは、対人関係がコミュニティの外部に対して開かれている（ないし閉じている）程度の差異である（山岸, 1998）。ここでいう「閉じた」社会とは、特定の他者との間で長期的・固定的な関係を築き、社会的不確実性を低く保つことで維持される社会を意味する。このような社会環境のもとでは、他者から低い評価を受けて既存の関係から排斥されてしまえば、新たな対人関係を結ぶことが困難である。そのため、個人は自らの行動によって他者からの評判が低下しないよう、他者に配慮した協調的な行動をとることに細心の注意を払うという（Hashimoto & Yamagishi, 2015）。他方、「開かれた」社会においては、特定の関係に固執することの機会コストが大きく、未知の他者と新たな関係を取り結んでいく方が利益につながりやすい。こうした社会においては、他者と異なる自己のポジティブな特性をアピールすることのインセンティブが大きい（Takemura, 2014; 山岸・吉開, 2009）。山岸らは、種々の調査結果に基づいて日本がアメリカに比して閉じた社会であると指摘し、日米の人々の間に見出される心理・行動傾向の文化差は、こうした社会環境の差の現れとして説明できると論じた。

2-2 適応論アプローチに基づく実証研究

適応論アプローチによる実験では、「理論的に意味のある変数をコントロールしさえすれば、文化が違っても人々の行動は変わらないことを明らかにする」（山岸, 1998, p.113）ことが目指される。たとえば日米の人々の行動に差異を生じさせる要因を見極め、これを実験室で操作することによって、当該の日米差が消失することを示そうとする。山岸（1998）はこれを「比較社会実験」と呼んで比較文化実験と区別する。

山岸は、先に見たペン選択実験（Kim & Markus, 1999）の結果に対する文化心理学的な解釈について、「東アジア人が多数色ペンを『好む』ようにみえるのが、日々の生活の中に存在する外的要因への反応である可能性になぜ注意を向けないのだろう」と批判した（山岸, 2010, p.24）。そして、自らの主張を裏付けるため、シナリオを用いた新たなペン選択実験を実施した（Yamagishi, Hashimoto, & Schug, 2008）。

日米の実験参加者に配布された冊子には、4種のシナリオが記されていた。最初のシナリオには、アンケートに答えた謝礼として5本のペンから1本を選んで受け取る場面が描かれ、ペンは4対1でボディカラーが異なる旨が記されていた（デフォルト条件）。続いて、同じ場面描写の後に「5人の中で最初にペンを選ぶことになった」（最初選択条件）、または「5人の中で最後にペンを選ぶことになった」（最後選択条件）という説明が加えられたシナリオが順次提示された。参加者はその都度、当該の状況において自分ならどちらの色のペンを選ぶかを尋ねられた。最後に、同じような状況の文房具店の場面を描いたシナリオが示され、どちらの色のペンを買うかを尋ねられた（購買条件）。各条件において、多数色・少数色それぞれのペンを選んだ参加者の割合を示したものが図7-2である。

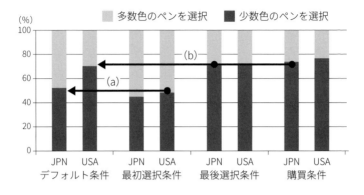

図7-2 シナリオ条件別の日米参加者のペン選択比率
（Yamagishi et al., 2008 および山岸, 2010 に基づき作成）

　デフォルト条件ではキムらのオリジナル版と同様、少数色選択者は
アメリカ人（71%）より日本人（53%）の方が少なかったが、日米差
が見出されたのはこの条件のみだった。最初選択条件では、アメリカ
人の少数色選択者の比率は49%となり、デフォルト条件の日本人と
同程度にまで減少した（図7-2 (a)）。このとき日本人の少数色選択者
はデフォルト条件と大差ない45%だった。他方、最後選択条件では、
日本人の少数色選択者の比率が71%に上昇し、デフォルト条件のア
メリカ人と同程度になった（図7-2 (b)）。このときアメリカ人の少数
色選択者の比率はデフォルト条件とほぼ同じ72%だった。購買条件
の結果は最後選択条件と同様だった。
　5本のペンを5人で分けるとき、自分が最初に選択する状況で少数
色を選べば、残りの4人には選択の余地が残されない。これは他者へ
の配慮を欠いた行動であり、他者からネガティブに評価されるおそれ
がある。他方、自分が5人中最後の選択者であれば、他の4人の選択
肢を奪う可能性はないので、他者からの評価を気にせず好きなペンを
選択して差し支えない。最初選択条件と最後選択条件で描かれた状況

がもつ社会的意味の違いを日本人とアメリカ人は同様に理解し、各々の状況において適応的な行動を採用したと考えられる。

では、デフォルト条件で見出された日米差は何を意味するのだろうか。山岸（2010）は、この差異は日米の参加者が「文脈的手がかりのない状況をどのように捉えるか」の違いによって生じたと論じた（p.36）。どのような行動をとることが適切か明らかでないあいまいな状況の下では、個人は日常経験する多くの状況で有効な行動を「デフォルトの適応戦略」として選択する。アメリカと比して閉じた社会である日本では、集団や対人関係から排斥されることのコストが大きいため、他者からの評判低下を避ける必要性をより高く感じているだろう。そこで、シナリオに描かれたあいまいな状況を、日本の参加者は最初選択的状況、アメリカの参加者は最後選択的状況として捉え、各々の状況下で最も適応的と考えられる行動をとったのではないか。山岸らはこのように考え、キムらの実験で見出された文化差が欧米人と東アジア人の「心」の差異ではなく、両社会において優勢な「状況」、すなわち「他者からの評判低下を避ける必要性の程度」の差異の現れである可能性を指摘したのである。

3　二つのアプローチ、そしてその先へ
── 「心と文化」研究の課題と展望

3-1　「なぜ」という問いに答える ── 文化差の規定因

ここまで、心と社会の相互規定関係を探究する文化心理学アプローチと適応論アプローチの基本的な考え方を概観した。前者は、社会・文化の特質は要因として外在するのではなく個人の心の内に埋め込まれていると仮定し、心理・行動傾向の文化差を包括的に理解するため

の理論モデルを提案してきた。後者は、個人の心理・行動傾向を特定の社会環境の下で生き抜くための適応戦略の集合として捉え、そのような社会環境の特質を見極めることを目指してきた。これらを踏まえ、筆者なりの視点で両アプローチの魅力と課題を整理したい。

　すでに述べたとおり、文化心理学アプローチでは、比較文化実験によって、異なる文化のもとで人々の心のありようがいかに異なるかを示そうとする。一方、適応論アプローチによる比較社会実験では、理論的に意味のある変数をコントロールすることによって、文化が違っても人々の行動は変わらないことを示そうとする。

　いずれの立場からも説得力のある知見が数多く報告されているが、筆者自身は比較社会実験により大きな魅力を感じる。重要と思われる環境要因を変数化して実験室内にミニマルな社会環境のモデルを作り出し、検証を繰り返すことが、「なぜ」特定の社会に特定の心理・行動傾向が生じるのか、という問いに答えるうえで極めて重要と思われるためである。この場合、同じ国や地域に属する実験参加者であっても、実験室内に設営した環境の変数の値が変わればその行動は変わるという予測が成り立つし、逆に、変数の値を同一にすれば、実験参加者のとる行動は属する国や地域、民族の違いを超えて等しくなるはずである。条件やサンプルを変えながら、こうした予測の妥当性を繰り返し検討していくことで、洗練された理論モデル構築への道筋が見えてくることが期待される。さらに、社会環境から心理・行動傾向への影響をシンプルに可視化した実験の結果は、心と社会の関係に関する理論モデルの明快なプレゼンテーションとしての役割を果たすとも思われる。

3-2　多様なレベルの文化を扱う

　個人の行動は社会環境次第で変わると考える比較社会実験の発想は、

個人を多層的に取り巻くさまざまなレベルの文化を扱う際にも強みを発揮する。個人は誰しも、家庭・学校・職場・地域コミュニティといった複数の集団に所属し、異なる環境の中を日々渡り歩いている。同じ個人が環境次第で異なる心理・行動傾向を示すことは決して珍しくない。すなわち個人には、その時々に顕在化している社会環境の特質に応じた適応的な振る舞い方のレパートリーが、ある程度備わっていると考えることができる。

　規模が小さく世代交代が頻繁に行われる企業や地域コミュニティ等の集団の文化は、国や民族といった大きなレベルの文化に比して、変化プロセスの把握が容易であるため、理論モデルの構築に向けた検証を行いやすいという利点がある。組織構造や制度、成員間の関係性といった集団固有の環境要因に目を向け、それらがいかなる心理や行動の誘因となりうるかを検討することの意義は大きい。

　また、個人がこれまでの人生においてどのような環境と出会ってきたかを問う発達的視点からの研究も重要であり、この視点は文化心理学アプローチにも通じるだろう。個人は発達の過程で多くの集団と出会い、さまざまな社会環境とのインタラクションを経験する。その中で、より長く、より頻繁に遭遇してきた社会環境、つまりその人にとって「優勢（dominant）」な社会環境がどのようなものだったかに応じて、個人の心理や行動には一定の傾向性が生じると考えられる。

　同じ国や地域の人々は、類似した社会環境に身を置く可能性が高いため、心理や行動傾向の類似性は高くなるだろうが、一方で、そのありようが他者とまったく同一になることはありえない。その意味で、個々人が身を置いてきた社会環境の来歴は、文化心理学アプローチが想定する「心の内に埋め込まれた文化」の源であると同時に、「個性」の源でもある（村本, 2003）。このような考え方は、同じ国や地域に生きる人々の心理が類似する理由と分散を持つ理由の双方について、一定の説明を与えうるだろう。さらには、それまでの経験において優勢

だった環境とは異質の環境に移動した個人が直面する困難について考察するうえでも、有効な枠組みになるかもしれない。

3-3　文化の自己維持メカニズムを探る

　適応論アプローチでは、文化的価値や信念が個人に「内面化」されることを文化維持の必須条件とは考えない。この考え方に呼応する知見として、個人的な信念よりもむしろ、ある信念が周囲の他者に共有されているという考え（共有信念の知覚）の方が、心理・行動傾向の文化差を説明する力を持つ、という指摘がある（橋本, 2011; Zou, Tam, Morris, Lee, Law, & Chiu, 2009）。これらの研究によれば、東アジアの人々は周囲の他者の間で集団主義的・相互協調的な価値が共有されていると（実際以上に）知覚している場合が多く、またそのような知覚をもつ人は、個人的にはその価値を重視していなくても集団主義的・相互協調的な行動をとりやすいという。こうした個々人の内的な信念と合致しない（誤解された）共有信念の影響過程は、心と文化の不可分な関係を重視する文化心理学アプローチの主たる研究関心からは外れてしまう。しかし、ある価値や信念が集合的な合意として知覚されることで、その価値や信念に合致する慣習が「予言の自己成就」的に再生産されるメカニズムの探究は、心と社会の相互規定性を考えるうえで重要な視点だと思われる。

　コーエンらは適応論アプローチの立場から、アメリカ南部白人男性の共有信念である「名誉の文化」の維持過程を研究した（Cohen, 2001; Vandello, Cohen, & Ranson, 2008）。名誉の文化とは、自身や家族の名誉が侵害されそうになったとき、これに暴力で対抗することを是とする共有信念である。コーエンらによれば、この地に住む白人男性の多くは個人的には暴力を望ましいと考えていないが、周囲の人々は自分よりも暴力を是認しているだろうと推測している（こうした状況は「多

元的無知」と呼ばれる：Allport, 1924）。他者が暴力行動をとる以上、自分も同様に暴力的でなければ臆病者とみなされてしまう。そのため、暴力的であることが誰にとっても最適の行動であり続けるという「均衡」状態が生じ、名誉の文化が維持されるという。多元的無知による文化的慣習・規範の自己維持過程の探究は、大学（Prentice & Miller, 1993）や企業（正木・村本, 2021; Miyajima & Yamaguchi, 2017）など、さまざまな社会集団を対象として行われているほか、実験室で一時的に作られた小集団を対象とした検討も進んでいる（たとえば、岩谷・村本, 2015, 2017; Miller & Nelson, 2002）。

3-4 再び、「なぜ」という問いに答える
── 適応行動の社会的意味

ここまで、適応論アプローチの視点にやや肩入れしながら考察を進めてきた。特に、筆者自身が近年取り組んでいる多元的無知による文化維持メカニズムの探究に際して、このアプローチから得られる示唆は大きい。

しかし、である。社会環境における適応課題に個人が対処しようとするとき、どのような行動が「正解」なのかは、実は一意には定まらない。たとえば、大学生の飲酒規範に関するプレンティスとミラーの研究（Prentice & Miller, 1993）では、2年生になったばかりの参加者は男女を問わず、平均的な学生が自分よりも飲酒を好んでいると誤って推測していたが、こうした多元的無知が実際の飲酒行動に反映される程度は男子の方が大きかった。また3か月後の再調査では、男子学生に限り、当初は誤推測だったはずの飲酒規範が「内面化」されて（自分も飲酒を好むようになり）、多元的無知が解消していた。逆に女子は自己と周囲の他者との乖離が広がったと感じていた。一連の結果は、知覚された共有信念に従うことが、女子学生にとっては適応行動たり

えなかったことを示唆している。飲酒規範の遵守者に対する学生たちの評価は、それが女子か男子かによって異なっていたのかもしれない。これを、1990年代初頭のアメリカの学生社会におけるジェンダー文化の再生産過程として解釈することも可能だろう（プレンティスとミラーは、かつて男子校だった歴史を持つ大学でこうした性差が顕著である可能性に言及している）。同じ社会に身を置く個人であっても、当該の社会への参与のしかたや役割が異なれば、何が適応行動かは異なってくる。複数の行動の選択肢のうち「なぜ」その行動が適応的たりえたのか、あるいはそうでなかったのかを理解するには、当該の社会を生きる人々が集合的に作り出した「意味」に思いをはせる必要がある。これは文化心理学の領域ではないか。

　社会における文化的慣習や規範の担い手は、決して「平均的な他者」ではない。心の内にまで文化をしみ込ませた中心的な参与者もいれば、多元的無知に陥りつつ意図せざる文化維持に寄与する周辺的な参与者もいる。そしてまた、誰が中心的な参与者かを決めるのも集合的な操作である。マクロな環境が一枚岩でないように、そこに生きる個人も一枚岩ではない。多様な人々がいかに行動するかで、文化が維持または変容に向かうプロセスも、その帰結も変わりうる。心と文化研究が、個人へのアプローチと社会へのアプローチの両輪を必要とする理由の一端はここにある。

　冒頭で挙げた誌上討論の結びで、山岸氏は北山氏との対話の果てに二つの理論が「互いに制約を加え合いながら互いを支え合う構図」を思い描いたと述べた（山岸, 1999, p.70）。優れた先駆者による実りある知的論争から多くを学んだ「心と文化」研究は、今もなお熱い。

Q & A

　Q1：人の心理・行動傾向に影響を及ぼす環境要因についての研究には、本章で紹介された社会の開放性（対人関係の流動性）のほかにどのような

ものがあるのでしょうか？

　A1：これまでに研究対象となってきた社会環境要因には、生業や政治の形態、宗教、都市化の程度などがある。大陸の形状や気候、天然資源の豊富さ、病原体の蔓延度など、自然環境に着目した研究もある。これらの研究は「社会生態学アプローチ」（Oishi & Graham, 2010）と呼ばれ、適応論的な視点をとるが、文化心理学的な研究においても、文化差を生んだ「究極因」を探究する枠組みとして用いられている（たとえば、Talhelm, Zhang, Oishi, Shimin, Duan, Lan, & Kitayama, 2014）。

　Q2：文化心理学アプローチの枠組みで、社会が個人の心に影響を与える過程とは逆の、個人が社会に影響を与える過程について検討した実証研究はあるのでしょうか？

　A2：個々人の心の内にある文化的な性質が「文化的産物（cultural products）」を媒体として社会に共有され、多くの人々に伝達されていく、という考えを検証した研究が多くなされている。文化的産物とは、テキスト・広告・芸術など、「人間が作り出した有形で公の文化表現」を意味する（Morling, 2016, p.697）。たとえば、本章で紹介したキムとマーカスはアメリカと韓国の雑誌広告を比較し、アメリカでは自由やユニークさ、韓国では伝統や調和のメッセージがより多く発信されていることを明らかにしている（Kim & Markus, 1999）。

【参考文献】

Allport, F. H. (1924). *Social psychology.* Boston: Houghton Mifflin.
Cohen, D. (2001). Cultural variation: Considerations and implications. *Psychological Bulletin, 127,* 451-471.
橋本博文 (2011).「相互協調性の自己維持メカニズム」『実験社会心理学研究』*50,* 192-193.
Hashimoto, H. & Yamagishi, T. (2015). Preference-expectation reversal in the ratings of independent and interdependent individuals: A USA-Japan comparison. *Asian Journal of Social Psychology, 18,* 115-123.

Hofstede, G. (1980). *Culture's consequences: International differences in work-related values*. Beverly Hills, CA: Sage.

石黒広昭・亀田達也（編）(2010).『文化と実践：心の本質的社会性を問う』新曜社.

岩谷舟真・村本由紀子 (2015).「多元的無知の先行因とその帰結：個人の認知・行動的側面の実験的検討」『社会心理学研究』*31*, 101-111.

岩谷舟真・村本由紀子 (2017).「多元的無知の先行因についての検討：他者の選好推測に注目して」『実験社会心理学研究』*57*, 29-41.

Kim, H. & Markus, H. R. (1999). Deviance or uniqueness, harmony or conformity? A cultural analysis. *Journal of Personality and Social Psychology, 77*, 785-800.

北山忍 (1998).『自己と感情：文化心理学による問いかけ』共立出版.

北山忍 (1999).「社会心理学の使命と『信頼の構造』の意義：ゲーム理論と文化心理学」『社会心理学研究』*15*, 60-65.

北山忍 (2012).「文化脳神経科学というアプローチ：日本人の文脈依存性に注目して」『こころの未来』*9*, 26-29.

北山忍・宮本百合 (2000).「文化心理学と洋の東西の巨視的比較：現代的意義と実証的知見」『心理学評論』*43*, 57-81.

Markus, H. R. & Kitayama, S. (1991). Culture and the self: Implications for cognition, emotion, and motivation. *Psychological Review, 98*, 224-253.

正木郁太郎・村本由紀子 (2021).「ダイバーシティ信念をめぐる多元的無知の様相：職場におけるズレの知覚と誤知覚」『社会心理学研究』*37*, 1-14.

Miller, D. T. & Nelson, L. D. (2002). Seeing approach motivation in the avoidance behavior of others: Implications for an understanding of pluralistic ignorance. *Journal of Personality and Social Psychology, 83*, 1066-1075.

Miyajima, T. & Yamaguchi, H. (2017). I want to but I won't: Pluralistic ignorance inhibits intentions to take paternity leave in Japan. *Frontiers in Psychology, 8*, 1508.

Morling, B. (2016). Cultural difference, inside and out. *Social and Personality Psychology Compass, 10*, 693-706.

村本由紀子 (2003).「文化と関係性」山口勧（編）『社会心理学：アジアからのアプローチ』(pp.51-65), 東京大学出版会.

Prentice, D. A. & Miller, D. T. (1993). Pluralistic ignorance and alcohol use on campus: Some consequences of misperceiving the social norm. *Journal of Personality and Social Psychology, 64*, 243-256.

Oishi, S. & Graham, J. (2010). Social Ecology: Lost and found in psychological science. *Perspectives on Psychological Science, 5*, 356-377.

Takemura, K. (2014). Being different leads to being connected: On the adaptive function of uniqueness in "open" societies. *Journal of Cross-Cultural Psychology, 45*, 1579-1593.

Talhelm, T., Zhang, X., Oishi, S., Shimin, C., Duan, D., Lan, X., & Kitayama, S. (2014). Large-scale psychological differences within China explained by rice versus wheat agriculture. *Science, 344*, 603-608.

Vandello, J. A., Cohen, D., & Ranson, S. (2008). U.S. Southern and Northern differences in perceptions of norms about aggression: Mechanisms for the perpetuation of a culture of honor. *Journal of Cross-Cultural Psychology, 39*, 162-177.

山岸俊男 (1998).『信頼の構造：こころと社会の進化ゲーム』東京大学出版会.

山岸俊男 (1999).「適応と反映：北山氏の書評論文によせて」『社会心理学研究』*15*, 66-70.

山岸俊男 (2010).「文化への制度アプローチ」石黒広昭・亀田達也（編）『文化と実践：心の本質的社会性を問う』(pp.15-62), 新曜社.

山岸俊男（編）(2014).『文化を実験する：社会行動の文化・制度的基盤』勁草書房.

Yamagishi, T., Hashimoto, H., & Schug, J. (2008). Preferences versus strategies as explanations for culture-specific behavior. *Psychological Science, 19*, 579-584.

山岸俊男・吉開範章 (2009).『ネット評判社会』NTT出版.

Zhu, Y. Zhang, L., Fan, J., & Han, S. (2007). Neural basis of cultural influence on self-representation. *NeuroImage, 34*, 1310-1316.

Zou, X., Tam, K. P., Morris, M. W., Lee, S., Lau, I. Y., & Chiu, C. (2009). Culture as common sense: Perceived consensus versus personal beliefs as mechanisms of cultural influence. *Journal of Personality and Social Psychology, 97*, 579-597.

8章 人間は論理的か

進化心理学と二重過程理論

　思考領域におけるギリシャ時代から伝統的な論争が、「人間は論理的なのかどうか」というものである。論理性を主張する人々は、人間の理性を信じ、それが他の種からヒトを区別する重要な特徴であり、ヒトという種に特有ということで生得性を想定してきた。たとえば、ピアジェ（Jean Piaget）は、ヒトにおいて論理的操作を可能にする生得的な論理的思考装置を想定した。

　1970年代は、人間の思考がバイアスの影響を受けやすいという証拠が数多く紹介された時代である。また、論理形式が同じであっても、その内容が具体的か抽象的かによって論理課題の困難さが異なってくるという内容効果が報告されるようになった。人間が論理的にふるまう場合においても、抽象的な論理を使用するのではなく、具体的な事例を柔軟に使い分けているだけなのではないかという疑義が生じてきたわけである。

　この論争は、1990年代から影響力を持つようになった進化心理学と、人間の認知機構に直感的システムと熟慮的システムを想定する二重過程理論との間のバトルに発展している。進化心理学は、その解決が生存と繁殖に有利になる適応課題に特化した、モジュール化されたシステムが進化的に形成されて、それらが束のようになったものが認知機構であると想定している。モジュールとは、生得的で、迅速で、領域固有的で、入力から出力まで情報としてカプセル化されているものと定義されている。それに対して二重過程理論は、モジュールを想

定する（直感的な処理が行われる）ところまでは同意するが、モジュールだけではさまざまなバイアスの影響を受けることがあるので、それを修正するための領域普遍的な熟慮的過程を想定し、この過程が人間の抽象的な論理思考能力を支えているとする。本章では、カーネマン（Kahneman, 2011）の用語を借用し、前者の直感的システムをファスト、後者の熟慮的システムをスローと呼ぼう。それでは、このスローはファストのバイアスをどの程度修正することができるのだろうか。本章では、この問題を、歴史的自然実験という方法論で議論したい。

1 領域固有 対 領域普遍

　人間の思考が論理的かどうかというバトルは、推論に使用されるスキーマが領域普遍的な論理形式なのかどうかという問題に集約されてきた。スキーマとは、外界を認識するときの枠組みで、知識表現の一種である。

　領域普遍の代表的なものが、自然論理（natural logic）理論と呼ばれるリップス（Rips, 1994）のPSYCOP理論である。この理論では、推論スキーマと、それらの実行を制御する推論プログラムが想定されている。推論スキーマが、論理学において規範とされるルールに相当し、その中には、「PならばP」「Pの否定の否定はP」のように、私たちにとって当然である規則や、「もしpならばq」という条件法についての規則など、論理的推論に必須なものが集められている。これらのスキーマは、内容を伴わない抽象的形式なので、どのような内容にでも、換言すればどのような領域にでも適用可能である。しかし、PSYCOPが人間の無謬性を主張しているわけではない。自然論理理論が想定する課題困難度の規定因は、課題を解決するのに必要なスキーマの数である。困難な課題ではスキーマを複数使用する必要があり、有限であ

る人間の認知容量を圧迫して誤答が生じやすいとされる。

　自然論理理論の最も重大な欠陥は、内容効果についてほとんど説明できなかったことにある。代表的な内容効果は、ウェイソン選択課題（Wason, 1966）を用いたものである。図8-1にあるように、表がpまたはnot-p、裏がqまたはnot-qという4枚のカードにおいて、「もしpならばq」という条件文の真偽を調べる方法を問う課題である。実験参加者は、これら4枚のカード（実際には図8-1のように具体的な対象の名称が入る）のうち、どのカードの反対側を見る必要があるかを質問される。「もしpならばq」という条件文は、pかつnot-qの事例によってのみ偽となるので、この反証可能性があるカードであるpとnot-q（図の例では、Bと6）が正解となる。多くの追試が行われたが、正答率は概ね10%以下である。

　しかし、「もし飲酒をするならば、20歳以上でなければならない」という条件文で、「ビールを飲んでいる人」、「ジュースを飲んでいる人」、「25歳」、「16歳」という4枚のカードを並べ、このルールに違反する人を探索する課題では、正答率は劇的に上昇する。グリッグスとコックス（Griggs & Cox, 1982）は、飲酒と年齢という内容を伴った場合には、飲酒年齢という領域の知識を用いることができ、この規則に違反した事例を容易に想像することができるためと考えた。彼らは、人間が推論に用いているのは領域固有知識であり、実験で示された事

図8-1　ウェイソン選択課題の例

表にアルファベット、裏に数字が印刷されているカードがあり、それらのうち、4枚が以下のように並べられている。
これらのカードにおいて、「もし表がBならば、裏は3」というルールが正しいかどうかを調べたい。そのためには、どのカードの反対側を見る必要があるか。

実は領域普遍説に対する反証だと主張したのである。

　一方、チェンとホリオーク（Cheng & Holyoak, 1985）は、人間が推論に用いるのは、真や偽についての抽象的な論理ではなく、「しても良い」「してはいけない」などの行動の処方についての実用的な知識、すなわち実用的推論スキーマ（pragmatic reasoning schemas）であるとする理論を提唱している。このスキーマは、図8-1のような抽象的な課題では使用されにくいが、飲酒と年齢の課題では使用されやすい。彼らのよく知られている実験例は、「もし旅券が「入国」ならば、もう一方の側の伝染病リストにコレラが含まれている」という条件文が正しいかどうかを確かめるために、「乗り継ぎ」、「入国」、「コレラ、腸チフス、肝炎」、「腸チフス、肝炎」と表示されたどの旅券をチェックする必要があるかというものである。この課題で、「この国ではコレラが流行しており、入国のためにはその予防接種が必要だが、実は伝染病リストの病気名は、予防接種済みの証明である」という理由が示されると、正答率は大きく増大する。つまり、理由によって、許可や禁止、義務についてスキーマが喚起されやすくなると解釈されるわけである。論理学における抽象的な真や偽が世界の記述に関するものだとすれば、許可や禁止はその世界における行動に関するもので実用的である。前者は抽象的で領域普遍的だが、人間の行動に直結しているわけではない。一方、後者は準抽象的で軽い領域固有性を示しているといえる。

2　進化心理学 対 二重過程理論

2-1　社会的契約モジュールと危機管理モジュール

　進化心理学者によれば、適応課題を解決できた種の生存・繁殖確率

が高くなり、その課題解決を可能にするモジュールが脳の進化として認知機構に組み込まれてきた。一方、どのような目的にも使用できるような領域普遍的システムはエネルギーなどの大きなコストを要し、餓死ぎりぎりで生存している生体の生存を脅かす可能性も高く、進化で形成されるのは現実には不可能に近い。

そこで進化心理学が考えたのは、たくさんのモジュールが束になって認知的機構が構成されているという想定である（たとえば、Sperber, 1994）。個々のモジュールは領域固有的だが、多くのモジュールがそれぞれ役割分担をしながら集まると、あたかも論理的な思考ができるようになるというわけである。

これらのモジュールの中で論理的思考に関連しているとされたのが、コスミデス（Cosmides, 1989）が想定した社会的契約モジュールである。社会的契約は、「もし利得を得るならば、対価を支払う」という交換規則から成り立っている。進化心理学においては、利己的遺伝子の乗り物であるはずの動物が、自分自身の利益を他個体に提供できる利他行動がどのような意味で進化的に適応的なのか検討されてきた。そうして得られた結論が、適応という点で純粋な意味での利他行動はありえず、それを支える基盤として、「利得を得るならば対価を支払う・対価を支払えば利益を受け取ってもよい」という社会的交換の契約が履行されることが必要ということである。このギブアンドテイクは、双方に利益をもたらすウィンウィンの関係になると両者とも適応的になる。しかし、この社会的交換状況で生ずる適応課題は、「騙されないこと」である。社会的交換のつもりで利他行動をしても、何もお返しがなければ大損である。そこで、適応的な社会的交換を可能にするために、社会的契約モジュールには、社会的契約に違反する個体・状況に敏感である、騙し屋検出（cheater-detection）が同時に備わっていなければならない。彼女は、ウェイソン選択課題の内容がこのモジュールの領域、すなわち社会的交換に一致すれば、モジュール

起動によって内容効果が起きると考えた。

　ただし、社会的契約モジュールだけが人間の論理思考を支えているという主張は修正されている。たとえば、「もし床にこぼれた血液をふき取るならば、手袋をしなければならない」という内容が条件文に織り込まれても正答率は高い。「手袋をせずに血液をふき取る」ケースがルール違反であると容易に判断されるからであるが、この条件文は社会的契約とは考えにくい。この内容効果は、フィジックら（Fiddick, Cosmides, & Tooby, 2000）によって、別のモジュール、すなわち彼らが危機管理モジュールと呼ぶものによって生じていると説明された。すなわち、生存のためには、危機的な対象に対して敏感であることが必要であり、出力として恐怖や回避の反応をもたらすわけである。これが、「血液を拭くこと」や「手袋をしていない」ことが危険であることを瞬時に知らしめてくれる。彼らは、社会的契約モジュールが条件的推論の唯一の進化的源泉であるという主張は取り下げたが、推論が領域固有的なモジュールによって行われているという主張は覆していない。

2-2　スローを認めるのか？

　二重過程論者は、ファストがモジュールの束であることには同意しているが、進化心理学が認めていない熟慮的システム、すなわちスローをその上に仮定している。この理由は、たとえば誤答が多いウェイソン選択課題であっても、説明を受けると理解でき、この理解はスローによるものと仮定するほうが合理的といえるからである。私たちはファストによる認知バイアスを克服し、ある程度なら複雑な論理を理解することができる。二重過程理論によれば、これは大きな認知容量のおかげであり、この容量がヒトの論理性を支えている。

　さらに、記憶の心理学や対人認知の社会心理学などにおいても、自

動的で意識できない潜在的処理と制御的で内省可能な顕在的処理を区別する理論が次々と提唱され、スローの大きな認知容量はワーキングメモリの実行機能（executive function）として捉えられるようになった。進化心理学者も、スロー自体は認めなくても、認知容量の増大が何らかの進化圧によって生じていることは認めている。表8-1に、二重過程論者が想定するファストとスローが対比されている。最も重要な区分は、スローがファスト（モジュール）と比較して大きい認知容量あるいは実行機能を有しているという点である。また、モジュールも、環境適応由来と社会的哺乳類由来の区別がなされており、社会的契約モジュールは後者、危機管理モジュールは前者になる。

　スローとファストの二重過程を認めると、今度はスローがどの程度ファストのバイアスあるいは非規範的な出力を制御できるのかという新たなバトルが勃発する。ファストは生存・繁殖という点で適応的で、進化的合理性を支えている。しかし、たとえば繁殖に合理的な性欲を

表8-1　「スロー」システムと「ファスト」システムの特徴

スロー	ファスト	
ヒトとして進化	社会的哺乳類として進化したモジュール	環境適応として進化したモジュール
大認知容量（ワーキングメモリ）	社会的契約マインドリーディング	危機管理素朴物理学
認知的処理の特徴		
認知負荷が大きい	認知負荷が少ない	
規則基盤的	連想的	
分析的	全体的	
直列的	並列的	
制御的・柔軟的	自動的・固定的	
比較的遅い	比較的速い	
領域普遍的	領域固有的	
規範的合理性	進化的合理性	
知能指数と関係	知能指数と無関係	
複雑な感情と関係	単純で強烈な感情と関係	

不適切な状況で満たそうとすると、文明社会では非規範的である。一方、スローは文明社会で必要な規範を志向しているという点で、規範的合理性を支えている。

3 スローはファストを飼いならせるのか
—— 歴史的自然実験

3-1 謀反-共存-従僕

　ファストとスローの関係の可能性は、謀反、共存、従僕の3種に分類することができる（山, 2019: Yama, 2019）。第一の謀反は、スローがファストの非適応的な反応を完全に抑制可能という想定である。野生環境では個体の生存と繁殖を高めるべく進化したファストの出力を抑制しているという点で、「謀反」なのである。文字どおりの謀反は自殺であろう。自殺は、スローの認知容量が大きくなって、「死ぬ」ということを理解し、将来への超長期的な視点をとることができるようになったことの副産物で、ファストだけからは起こりようがない。

　この超長期的視点の取得はまた、ファストの短期的な欲求の抑制、すなわち我慢を可能にする。この場合は、ファストの出力を消し去るわけではないが、出力に従った行動を抑制し、健康のために（長期的視点）、ダイエットをすることが代表的な例になる。すなわち、短期的な食欲に従った行動を抑制するわけである。思考領域では、ファストからのバイアスの影響を帯びた出力をスローが修正して脱バイアス化する例も、この謀反に相当する。

　しかし、ファストからの出力が強い感情を伴うと、いくらスローがそれを否定しても、スローの否定とファストの感情が共存することになる。表8-1にも示されるように、ファストのモジュールの出力は

強い感情を伴い、社会的契約モジュールは騙し屋への怒り、危機管理モジュールは恐怖を引き起こす。

　たとえば、スローは迷信には合理性はまったくないと判断しても、ファストによる直感的な迷信の恐怖は残ることが多い。危機管理モジュールが起動しているからである。「仏滅の日に結婚式をあげると不吉」というような迷信について、スローは何の根拠もないという判断を下す。しかしファストは、これを守らないと不安や恐怖を感じてしまう。仏滅の結婚式は、仏滅割引で、最大半額という結婚式場があるにもかかわらず、まだまだ仏滅に結婚式を挙げるカップルは少ない。

　第3の可能性は謀反の対極にあり、スローは、ファストからの直感的な出力の合理化を行っているにすぎないというもので、従僕と命名しよう。このような傾向は、強い感情を伴う好悪判断や道徳判断の領域でよく見られる。ハイト（Haidt, 2012）の研究では、「愛し合っていた兄と妹が合意のうえの、注意深い避妊を伴ったセックスを一度だけ行う」などのストーリーが与えられて、善悪判断が求められ、その理由が質問された。これらの行為は誰にも迷惑をかけていないし、妊娠の可能性もゼロに近いのでスローは肯定的に答えてもよい。しかしこの研究では、スローはファストからの出力である嫌悪感を弱めることができないどころか、「いくら注意深く避妊をしても失敗して奇形児が生まれる可能性があるのではないか」というように、ファストの嫌悪を正当化するような回答しか得られなかった。まさにヒューム（D. Hume）が言うように、理性は情念の奴隷なのである。

3-2　同士討ち

　歴史的自然実験とは、歴史的に起きたことを独立変数としての帰結を観察したり、歴史的に起きたことを従属変数としてその原因を考察したりする試みである。本章では、「スローはファストを飼いならせ

るのか」というバトルについて、二つの歴史的事例を取り上げる。

　第一の事例は、18〜19世紀ヨーロッパにおける拷問や火刑を伴う異端尋問・魔女狩りの終焉と、小説の普及の関係である（Pinker, 2011）。これは、第4の可能性として、同士討ちと呼びたい。謀反も現実にはこちらに分類されるのかもしれないが、これは、スローが、あるモジュールの規範的な出力を用いて、別のモジュールの非規範的出力を抑制するというケースである。

　小説を読んで楽しむためにはその登場人物の理解が必要で、それによって共感も生じやすい。この行為は他者の行動を理解するときに、ファストの中のマインドリーディングを用いることとほぼ同義である。マインドリーディングは、社会的哺乳類として進化したヒトのモジュールで、他者の行動をその背後に精神の働きがあるとして推論することを可能にする。共感もこの機能の一つである。他者への共感がより促進されると、たとえば、罪人が拷問を受けるときの苦痛や処刑されるときの恐怖を実感できるようになる。また、自分が異教徒として迫害される側に立つこともできるようになる。ファストからは、危機管理モジュールによって罪人、異教徒や魔女に対する恐怖や嫌悪も生ずるが、マインドリーディングモジュールからの感情的出力がその恐怖や嫌悪を抑制しているという点で、このケースはファストのモジュール間の同士討ちと呼ぶことができる。18世紀のヨーロッパにおける歴史的変化は、小説が人々に読まれ始めるにしたがって、マインドリーディングが適用される範囲が実在の人間の行動から架空の人物の行動へと広がり、それと同時に、自分たちとは異なる人々の精神状態の理解も促進されるようになった結果として解釈できる。換言すれば、マインドリーディングモジュールの適用領域が、そのモジュールが進化した環境での固有領域から、現実領域に拡張されたということができる。

3-3　平和と人権の時代

　第二の例は、第二次世界大戦以後の殺人や暴力の減少である。ただし第二次世界大戦の後、本格的な産業社会になって地域コミュニティが崩壊し始めた頃は、アメリカにしろ日本にしろ、殺人は一時的に微増した。コミュニティ内で機能していた相互監視が薄れたためと推定できるが、戦後全体としてみれば、発展途上国はいうまでもなく、アメリカ、日本、ヨーロッパ諸国において殺人は減り続けている。外的な要因として、第二次世界大戦後、産業国においても発展途上国においても、社会的秩序が保たれるようになったことが大きい。さらに、科学の発展により、刑事事件における証拠収集、すなわち指紋や血液などの物質の検出および判定、声紋鑑定、防犯ビデオカメラなどの自動撮影装置、録音機、最近ではDNA鑑定などが著しく進歩していることが犯罪の抑止になっているかもしれない。

　第二次世界大戦後の殺人・暴力の減少と並行している特筆すべき点は、人権意識の高まりである。最も大きな変化は、人種差別に対する反対であろう。アメリカにおいて、1964年に人種差別を禁ずる公民権法（Civil Rights Act）が制定された。アメリカでは現代でも差別は根強いが、それでも1965年の時点で、約50年後にアフリカ系から大統領が誕生するとは誰が予想できただろうか。またオーストラリアにおいては、ヨーロッパ系の最優先主義とそれに基づく先住民を含む非ヨーロッパ系への排除政策である白豪主義の放棄があった。1973年の移民法、1975年の人種差別禁止法の制定によって、移民の国内での生活・教育・雇用における人種差別が禁止されるようになった。このような動きと並行しているのが、この50年間の、世界規模のフェミニスト運動の高まり、動物への虐待の禁止、同性婚への許容などである。

女性の人権については、日本においても向上している。反性差別への変化は、1985年に制定された、職場における男女の差別を禁止し、募集・採用・昇給・昇進・教育訓練・定年・退職・解雇などの面で男女とも平等に扱うことを定めた男女雇用機会均等法に見られる。こういった潮流が女子の四年制大学進学率も押し上げ、1970年代初頭では男子が約35％に対して、女子は10％程度（短期大学への進学率を合算しても25％）の進学率だったのが、2016年には男子が56％、女子が48％になっている。1970年代の時点では、まだ女子には高等教育に相当する学問は不要という文化背景があり、女性への偏見や蔑視と結びついていた。日本では、管理職や政治家における女性の割合はまだまだ低いが、この50年間の変化は大きい。

3-4　スローの力

　第二次世界大戦後の変化を支えた要因は何だろうか。もちろん、さまざまな民主的な制度や経済や産業が発展し、科学の発展に伴う世界的な情報革命も影響を与えているだろう。高等教育をはじめとする教育の普及および充実が重要な要因であることは明白である。

　さらにここでは、スローの力として、知能指数の素点平均の増大を指摘したい。従来、知能は変動しにくいと考えられていた。しかし、知能テストの素点、すなわち現時点で最も知能を反映すると考えられる指標が、実際にここ50年ほどでかなり上昇しているのである。つまり現代人は、1960年代の人々と比べて知能テストの得点が高くなっているのである。この上昇は、これを最初に指摘したフリン（James R. Flynn）の名をとって、フリン効果と呼ばれている（Flynn, 2012）。この原因ははっきりと明らかになっているわけではないが、知能指数は、二重過程理論では、スローの認知容量を最も端的に反映していると考えられている。ただし、脳の新皮質の増大などの解剖学的な変化

があるわけではないので、この上昇は、認知容量が、適切で高度な教育等によって機能的により利用可能になった結果と解釈するのが妥当だろう。一般的に、知能指数が高いと認知バイアスは小さくなり、スローによるバイアスの抑制・修正する力が大きくなったためと解釈されている（Stanovich & West, 1998）。このことが社会全体に影響を与えているかどうかはわからないが、可能性として否定はできない。

　このスローの力は、「謀反」としてファストの現代の基準からみた非規範的な出力を直接抑制することもあるだろうし、マインドリーディングモジュールなどを通して、洗練された「同士討ち」として機能している場合もあるだろう。マインドリーディングは、モジュールではあるが、スローの実行機能の制御を受けている（Carruthers, 2016）。このスローの力が、元々はモジュール的であったマインドリーディングを、現代の複雑な社会の中で適応的に機能させているといえるだろう。

4　おわりに

　ヒトの思考が論理的かどうかというバトルが、スローを仮定するかどうかというバトルになり、本章では、それをスローがどの程度ファストを制御できるのかというバトルに発展させた。そして3節では、歴史の自然実験として18世紀のヨーロッパと第二次世界大戦後の世界を取り上げた。歴史的変化をスローの制御の検証とすると、スロー自体がファストからの非規範的出力を抑制しているというよりは、スローがファストの対抗モジュールをうまく利用して抑制できていると結論づけることができる。規範には、論理的規範だけではなく道徳的規範も含まれるので、認知バイアスの修正だけではなく、感情の制御が重要になってくる。同じように強い感情をもったマインドリーディ

ングのようなモジュールが必要なのである。

　しかし、完全に平和で人権が重視された世界が実現できないのと同じように、この抑制は当然ながら完全ではない。ヒトが完全に論理的になることができないのと同様に、スローは、いくら大きな認知容量を持つとはいえ、容量には限界があり、完全に汎用性を持つわけではない。その意味で、サイモン（Herbert A. Simon）がいうように、ヒトがもつ合理性は限定的（bounded）なのである。

Q & A

　Q1：言語のない思考はあるのでしょうか？

　A1：この問題に答えるためには、言語とは何なのかを定義しなければならない。言語は、何らかの記号とその記号が指示する対象・事象の関係として捉えることができる。思考では、さまざまな状況を考慮してシミュレーションが行われるが、そのときに心の中で操作されるのは対象というよりもほとんどの場合それを指示する記号であり、この場合は思考に言語が用いられているといえる。パース（Charles S. Peirce）によれば、記号は、シンボル、アイコン、インデックスに分類できるが、このうちシンボルは指示する対象・事象との関係が恣意的である。「イヌ」を「犬」と呼ぼうが「ドッグ」と呼ぼうが自由である。それに対して、アイコンは図式や擬音などで対象・事象を表し、インデックスはそれを予兆的に表す指標である。シンボルを使用できるのはヒトと一部の動物だけなのだが、もし言語を扱えるのはヒトだけであるとして、言語をシンボルに限定すれば、アイコンやインデックスを用いた思考は「言語のない思考」になる。しかし、アイコンやインデックスも言語とすれば、たとえば、大きな音（インデックス）で逃げ出すネコも思考を行っていることになる。大きな音から何か怖いような事象が生起することがネコの中でシミュレートされているのだろう。本章で述べられているモジュールでは、シンボルがない思考が想定されている。たとえば、表8-1に示される素朴物理学モジュールは、重力などの

基本的な物理法則を理解可能にし、生得的であると推定されている。ヒトでは、6か月の乳児でも重力を理解できていると推定されている。言語をシンボルに限定すれば、これは言語のない思考といえる。

Q2：AIには意識があるのでしょうか？　また、意識があるかどうかを知る手立てはあるのでしょうか？

A2：この答えは、意識をどう定義するのかによって左右される。主観性を重視する立場からは、現在何らかの対象・事象を認識している状態を「自分が行っている」と実感できており、その自分と過去の記憶の自分との連続性が感じられればそこに意識を見出すことができる。この意識は、複雑な神経系によって実現しているので、AI（artificial intelligence：人工知能）の回路を極限まで複雑にすれば、原理的には今後意識を持たせることが可能かもしれない。しかし、ヒトと同じような意識はおそらく不可能である。この理由は、次の質問の回答を参照してほしいが、意識を生み出す知能の違いである。

AIのコンピュータプログラムが「人間らしい」かどうかは、チューリング（Alan M. Turing）が考案したチューリングテストによって判定できる。このテストでは、人間の判定者が、一人の人間と、一台のコンピュータと通常の言語での会話を行う。判定者が、機械と人間との確実な区別ができなかった場合、このコンピュータはテストに合格したことになり、「人間らしい」と判定される。ただし、この「人間らしさ」に合格したとしても、上記の意味で意識を持っているとは言えない。いくらチューリングテストに合格しても、AIに意識があるとはとても呼べないのである。

Q3：AIは人類に対して謀反を起こす可能性があるでしょうか？

A3：ヒトにおいては、大きな認知容量をもったスローがファストに謀反を起こす可能性がある。では、AIはどうだろうか。単に高度な知能を有するだけではなく、フームと呼ばれる自らの知能を向上させることが可能な

AIは、人類に対して謀反を起こす可能性があるのではないだろうか。著名な物理学者であるホーキング（Stephen W. Hawking）たちもその可能性を指摘している。

しかし、この懸念に対しては、多くのAI研究者が異議を唱えている。この謀反説の最も大きな問題は、知能の捉え方である。謀反説を支える知能観は、知能は一次元で、ある生命体が別の生命体を知能において凌駕すると、それを絶滅させてしまう可能性があるというものである。そしてその知能の源泉は、大きな容量をもつ汎用性が極めて高い計算にあると仮定されている。

これらの仮定には二つの問題がある。第一は、自然淘汰を勝ち抜いた知能は一次元ではないという点である。確かに、ヒトの場合は、大きな認知容量と高汎用性という点でAIが目指すものに近いかもしれず、その知能を駆使して他の動物を飼いならしたり絶滅させたりした。しかしその高いとされる知能は、特定の目標に到達するためのものであり、その目標が害獣とされる他の動物を滅ぼすことならば、それを指向することになる。AIにはこういう知能は搭載されない。

第二は、超知能と呼ばれる万能AIの幻想である。確かにAIは、計算等の面でヒトよりも賢くなっている。しかし、いくら大容量を備えても無限の汎用性や万能性を持つわけではない。知能は無限に拡大でき、ひとたび爆発的に進歩する超知能を作成できれば世界に存在する問題のほとんどが解決されるというのは幻想にすぎない。AIがその解決に人類が邪魔になると判断したら人類を滅亡させるために働き始めるという確率は、ゼロに近いといえる。

【参考文献】

Cheng, P. W. & Holyoak, K. J. (1985). Pragmatic reasoning schemas. *Cognitive Psychology, 17,* 391-416.

Carruthers, P. (2016). Two systems for mindreading? *Review of Philosophy and Psychology, 7,* 141-162.

Cosmides, L. (1989). The logic of social exchange: Has natural selection shaped how humans reason? Studies with the Wason selection task. *Cognition, 31*, 187-276.

Fiddick, L., Cosmides, L., & Tooby, J. (2000). No interpretation without representation: The role of domain-specific representations and inferences in the Wason selection task. *Cognition, 77*, 1-79.

Flynn, J. R. (2012). *Are we getting smarter?: Rising IQ in the twenty-first century.* New York: Cambridge University Press.〔水田賢政（訳）(2015).『なぜ人類のIQは上がり続けているのか？：人種、性別、老化と知能指数』太田出版.〕

Griggs, R. A. & Cox, J. R. (1982). The elusive thematic-materials effect in Wason's selection task. *British Journal of Psychology, 73*, 407-420.

Haidt, J. (2012). *The righteous mind: Why good people are divided by politics and religion.* New York: Pantheon.〔高橋洋（訳）(2014).『社会はなぜ左と右にわかれるのか：対立を超えるための道徳心理学』紀伊國屋書店.〕

Kahneman, D. (2011). *Thinking, fast and slow.* New York: Farrar, Straus and Giroux.〔村井章子（訳）(2014).『ファスト＆スロー：あなたの意思はどのように決まるか？（上）（下）』ハヤカワ・ノンフィクション文庫.〕

Pinker, S. (2011). *The better angels of our nature: Why violence has declined.* New York: Viking.〔幾島幸子・塩原通緒（訳）(2015).『暴力の人類史』青土社.〕

Rips, L. J. (1994). *The psychology of proof.* Cambridge, MA: MIT Press.

Sperber, D. (1994). The modularity of thought and the epidemiology of representations. In L. A. Hirschfeld, S. A. Gelman, (Eds.), *Domain specificity in cognition and culture* (pp.39-67). Cambridge, UK: Cambridge University Press.

Stanovich, K. E., & West, R. F. (1998). Individual differences in rational thought. *Journal of Experimental Psychology: General, 127*, 161-188.

Wason, P. C. (1966). Reasoning. In B. M. Foss (Ed.), *New horizons in psychology 1* (pp.135-151). Harmondsworth, UK: Penguin.

山祐嗣 (2019).『「生きにくさ」はどこからくるのか：進化が生んだ二種類の精神システムとグローバル化』新曜社.

Yama, H. (2019). Morality and contemporary civilization: A dual process approach. In H. Yama & V. Salvano-Pardieu (Eds.), *Adapting human thinking and moral reasoning in contemporary society* (pp.92-114). Hershey, PA: IGI Global.

9章 経済人は合理的でないと いけないのか

形式的合理性と実質的合理性　　　　　　　竹村和久

　経済行動をする人間を記述するのに、経済人（economic man, homo oekonomicus）という呼び方がある。これは、広義には、人間の経済活動に関する側面を扱っているが、経済学における伝統的な人間の観方では、利己的で合理的な人間として考えられることが多い。三上（1987）によると、経済人という言葉は、1880年のバジョット（Bagehot, W.）の遺稿で最初に現れたと言われている。しかし、佐々木（2002）によると、このような趣旨の用語は、すでに、18世紀のスミス（A. Smith）による著作に現れており、利己心に基づいて行動する人間として描かれているとのことである。

　本章では、経済人を経済学の伝統的な観点をとるというより、経済状況において、意思決定して行動を行う人間という広義の意味で用いることとして、経済行動の合理性について考えることにする。また、本章では、意思決定の内的一貫性や後述する顕示選好の考えの検討を通じて、効用理論などに仮定される選好の内的な一貫性という合理性のひとつの基準が、経済行為の形式的合理性の一つにすぎず、実質的な合理性とは一致しないことがあることを述べる。さらに、心理学においても、暗黙の人間行動の理論的な仮定の中に顕示選好による内的一貫性が入っていることを指摘したい。また、合理的な決定の形式的特徴として、非循環性と完備性（比較可能性）を挙げて、これらの条件が満たされていると合理化が可能であることを説明する。また、心理学の測定理論の中でもこれらの性質が満たされていることが暗黙に

は仮定されているが、この問題を経験的に検討した研究では、非循環性を逸脱する選好判断があることを指摘し、合理的決定が必ずしも容易でないことを説明する。最後に、本章では、形式的な合理性を有していても、いわゆる不合理な決定（irrational decision）や悪い意思決定（bad decision）に至ることがありえることを述べ、規範的な理論としては、形式的合理性だけでなく、実質的合理性の観点、さらには実質的に不合理な決定を回避するという観点から意思決定や社会政策を考える必要性を指摘する。また、サイモン（Herbert A. Simon）が提起した手続き的合理性の観点からは合理的でないが実質的に合理的であることも、逆もあることを指摘する。

1　合理性と社会的行為

　合理的ということをどのように考えるかについてはいろいろな議論がある。合理性の問題で社会学者のヴェーバー（Max Weber）は、近代ヨーロッパ文明を他の文明から区別する根本的な原理は「合理性」であるとし、その発展の系譜を「現世の呪術からの解放」と把握して、それを明らかにしようとした。ヴェーバーは、近代の資本主義を発展させた要因は、主にキリスト教のカルヴァン主義（Calvinism）における宗教倫理から産み出された世俗内禁欲と生活合理化であると説いた。ヴェーバーの合理性の考察は多層にわたるが、意思決定論にとっても示唆に富むので、以下に簡単に紹介したい。

　「合理性」という用語は、日常言語のみならず多くの社会科学において見出されるものであるが、「社会的行為の種類」におけるヴェーバーの記述によると（Weber, 1922）、社会的行為は、まず2軸によって4種類に分類される。最初の基準は、行為の意義・意味についての反省的意識の有無であり、これにより、伝統的行為・感情的行為と目

的合理的行為・価値合理的行為に分類される。二つ目の基準となるのが、行為の意義が行為そのものに志向しているか、それとも行為の帰結（結果）に志向しているかの分類である。感情的行為と価値のために行う価値合理的行為は前者であり、行為の帰結を目標とする目的合理的行為は後者である。

　意思決定と行為それ自体の価値や意義の重要性を自覚し行われるのが価値合理的行為である。その価値が何であれの価値の意義と重要性への信念を意識し、いかなる結果になっても、その行為自体に価値があるとして、意思決定され行為がなされることになる。たとえば、その行為をすることの価値からなされる宗教的理由よる「殉教」などが該当する。目的に対する手段として、目的と手段の適合性を考慮して行われるのが目的合理的行為である。最終的には行為の結果が問題となり、意思決定と行為は目的を達成するための手段となる。経済学で言うところの経済人は、この中で目的合理的行為を問題にしていると言える。

　このような合理性の分類に加えて、ヴェバーは形式的合理性と実質的合理性という概念を提出して、合理性を考えようとしている（Weber, 1972）。ヴェーバーは、形式的な手続きを重んじる形式合理性の典型的な組織として「官僚制」があるとしている。一方、実質的合理性は、意思決定の結果についての合理性であり、制定された制定規則を適用する個別の状況に規則が必ずしも適合しない場合に、その形式的規則の範疇を超えて実質的合理性の責任が要求されるとしている。

　このようにヴェーバーの理論は、官僚的組織の話になるが、これを意思決定現象に適用すると興味深い観点を得ることができる。すなわち、意思決定論においても、形式的合理性と実質的合理性の矛盾が生じることがあるし、意思決定が価値合理的であるような場合と目的合理的であるような場合もある。

　ここで、心理学、経済学、経営学の領域で大きな貢献をしたサイモ

ンは、人間の合理性には限界があるという限定合理性の概念を考察し、さらに、サイモンは手続き的合理性という概念を提案している。サイモン（Simon, 1986）は、与えられた条件と制約の中で所与の目的の達成について適切である場合、その行動は実体的に合理的であり、目的が与えられれば合理的行動はその置かれた環境の特性によって完全に決定されるという考えの合理性を、実体的合理性（substantial rationality）と呼び、伝統的経済学において仮定されているとした。一方、サイモンは、結果だけでなく心的なプロセスに関しての合理性を、手続き的合理性（procedural rationality）と呼んだ。この手続き的合理性は、注意を十分に行い熟慮のもとで手段と行動を考える心理的な合理性であり、伝統的な心理学のもとで仮定されているとしている。

　ただし、選択肢が多いような状況では、すべての選択肢を考慮する手続き的合理性を満たす意思決定をしても逆に実体的合理性を満たさないこともあるし、逆に簡便な決め方により手続き的合理性を満たさないような状況でも合理性を満たすような例もある。たとえば、前者の例は、多くの選択肢を与えた意思決定の実証研究で示されているし、後者の例は簡便な意思決定方略が比較的合理性が高いという実証研究からも示されている（Takemura, 2020, 2021）。

2　経済行動と形式的合理性

2-1　経済行動における合理性

　経済行動においての合理性は目的合理的であると考えることができるが、経済行動の合理性は、ヴェーバーの言う形式的合理性と実質的合理性とを同時に満たしていることが暗黙に仮定されている。また、サイモンの説くように経済人は、実体的合理性を仮定しているともい

える。ただし、先にも考察したように、これらの合理性は必ずしも一致するとは限らない。これらの合理性の中でも、伝統的経済学においては形式的合理性が最も仮定されていると言えよう。

　形式的合理性の典型が、意思決定の一貫性である。意思決定の選択肢の集合の要素が二つしかない状況では、一貫性というのは定義できない。たとえば、リンゴとバナナのうちリンゴを選んだとしても、一回限りの状況では意思決定者の決定に一貫性があるかどうかは何とも言えない。

　しかし、選択肢が三つ以上あれば意思決定の一貫性を検討することができる。たとえば、リンゴとバナナとイチゴの三つの選択肢がある中での意思決定を考えてみよう。リンゴがバナナより好まれ、バナナがイチゴより好まれていれば、さらに、リンゴがイチゴより好まれているならば、リンゴが最良の（ベストな）選択肢になり、一貫性があると考えられる。しかし、イチゴがリンゴより好まれているならば、好みの関係が循環してしまっており、ベストなものが決められない。選好順序が循環しているような場合は、ベストな選択肢は選べないことになるし、一貫性がなく、形式的合理性を満足しないと考えられる。

　ここで意思決定者にとって最良（ベスト）な選択とは何かを定義しよう（竹村, 2015）。選択肢の集合をXとして、xをXの一つの要素とする。たとえば、$X = \{$リンゴ、バナナ、イチゴ$\}$ であるとすると、その要素は、リンゴ、バナナ、イチゴである。$X = \{x, y, z\}$ とすると、その要素は選択肢であるx, y, zになる。このとき、xをXの中の他の要素と少なくとも同じくらい選好したいと思うなら、xを最良の選択肢と呼ぶ。$C\,(R, X)$ を、「どのようなXの中のyに対しても、xがyより少なくとも同程度に良いという関係Rを満たすXの要素」として、最良な選択肢であると定義する。より形式的に表現すると、

$$C\,(R, X) = \{x \in X \mid \text{どのような}X\text{の中の}y\text{に対しても、}x\text{が}y\text{より}$$

少なくとも同程度に良いという関係Rを満たす}

　さらに、xRyを「xがyより少なくとも同程度に良いという関係R
が成立している」という表現とすると、

$$C\,(R,\,X) = \{x \in X \mid \text{どのような}X\text{の中の}y\text{に対しても、} xRy\}$$

となる。上式は、「$C\,(R,\,X)$ は、どのようなXの中のyに対しても、
xRyを満たすXの要素の集合」と呼ぶ。また、$C\,(R,\,X)$ が空集合で
ないということは、最良の選択肢が存在することを意味している。
　つぎに、関係Rから別の関係を定義する。xRyは、「xはyと少なく
とも同程度に良い」と解釈したが、必ずしもそのように考えなくても
いい。この関係Rから強選好関係Pと無差別関係Iを定義することが
できる。すなわち、

　　　xRyかつyRxでないなら、xPy

　　　xRyかつyRxなら、xIy

と定義することができる。これは、xがyと少なくとも同程度によく、
かつyがxより少なくとも同程度に良いということがないならば、xPy
と記して、xがyより選好されると解釈することができる。また、xが
yと少なくとも同程度によく、yがxと少なくとも同程度に良ければ、
xはyと無差別であると解釈することができる。

2-2　選好関係と最良選択肢を保証する条件

　通常、経済行動において、消費者は二つの選択肢の比較ができると
仮定されることが多い。これは、完備性（連結性）が成り立っている

ということである。すなわち、判断をする場合、xRyまたはyRxの少なくともいずれかが成り立つということで、たとえば、ブランドの集合をXとして、xRyをxよりyがより好きか無差別という関係にした場合、ブランドxはyより好きか無差別、ブランドyはzより好きか無差別、というふうに決められる場合である。「どちらが好きなのか無差別かもわからない」という場合は、比較可能ではなく、完備性を満たさない。すなわち、完備性は下記のように表現される。

完備性：$\forall x, y \in X, xRy \vee yRx$

すなわち、選択肢集合Xの任意の要素x, yに対して（$\forall x, y \in X$）, x yまたはy xとなる関係である。ここで、$\vee$の記号は、「または」という論理記号であり、少なくともどちらかが成立することを指す。さらに完備性から、下記の反射性の性質を導くことができる。

反射性：$\forall x \in X, xRx$

つぎに**非循環性**について、説明する。非循環性は、下記のように定義できる。

いかなる選択対象$x_1, x_2, \cdots, x_k$に対しても、もし、$x_1 P x_2, x_2 P x_3, \cdots, x_{k-1} P x_k$なら、そのとき$x_k P x_1$でない

非循環性が成り立たない例は、三すくみの関係であり、たとえば、じゃんけんの強さの関係をPとすると、グー、チョキ、パーの関係は、グーPチョキ、チョキPパーとなるが、グーPパーとならないので、非循環性を満たさない。

有限な要素の選択集合で、選好関係が完備性という性質と非循環性

という性質を満たしていれば、最良の選択肢が存在するという定理がある。以下に、最良の選択肢や合理的選択に関する定理をフェルドマンとセラーノ（Feldman & Serrano, 2005）や竹村（2015）の解説を基にして示すことにする。

最良選択肢の存在に関する定理

Xを選択対象の有限集合とする。関係Rが完備かつ非循環的ならば、C（R, X）は空でない。すなわち、この条件では、最良の選択肢が存在する。

【証明】Xの中から、いずれかの要素をとり、それが最良であると判断されたら、この証明は終了する。Xは有限個の要素を持ち、かつ、関係Rが完備性を有するので、最良の選択肢が有限の選択で存在することが証明されるか、選択が永遠に続くかのいずれかである。Xの要素は有限であるので、選択が永遠に続く場合は、選択対象$x_1, x_2, \cdots, x_k$に対しても、もし、$x_1 P x_2$, $x_2 P x_3, \cdots, x_{k-1} P x_k$なら、そのとき$x_k P x_1$というような循環が生じているからである。このことは、仮定に反するので、この条件では、最良の選択肢が存在することになる。――証明終わり

最良選択肢の存在について下記の定理がある（Feldman & Serrano, 2005; 竹村, 2015）。

最良選択肢の存在の必要十分条件に関する定理

Rを完備としよう。Rが非循環的のとき、かつそのときにのみ、有限な要素を持つ選択対象Xは、空でないC（R, X）を持つ。すなわち、Rが完備のもとで、Rが非循環的であることが、選択関数が最良な選択肢を有する必要十分条件である。

【証明】この証明で、Rが完備で非循環的のときに空でないC（R, X）を持つということは、先に示したとおりである。それでは、Rが完備のもとで、空でないC（R, X）を持つことがRが非循環的であることを示すことにす

る。Rは非循環的でないとしよう。そうすると、$x_1 P x_2, x_2 P x_3, \cdots, x_{k-1} P x_k$ かつ $x_k P x_1$ となるような $x_1, x_2, x_3, \cdots, x_k$ が存在する。集合 X を $\{x_1, x_2, x_3, \cdots, x_k\}$ とすると、$C(R, X)$ は空となる。しかし、このことの対偶をとると、「R が完備のもとで、空でない $C(R, X)$ を持つならばRは非循環的である」ことになる。―― 証明終わり

3　合理的な選好関係の経験的テスト
―― 非循環性の経験的検討

　合理的意思決定、顕示選好の強公理、さらには、序数効用理論にも仮定されている弱順序の性質は、実際の選好判断や意思決定において成立しているのであろうか。人間の意思決定の合理性については、経済学者と心理学者の間で長年にわたる議論があった。一つの経験的な関係からだけでこの問題を検討することは難しいことではあるが、この問題について経験的検討をした心理学の研究がある。

　トヴェルスキー（Tversky, 1969）は、弱順序に仮定されている推移性が意思決定において満たされているかを実験によって検討している。この検討は、推移性というよりも、より条件の緩い非循環性の経験的検討にもなっている。彼は、被験者に図9-1のような円グラフのカードを二つ見せて、どちらのギャンブルを選好するかを尋ねた。このとき、無差別な選好関係の表明は許されず、どちらが選好されるかを表明させられた。したがって、これは、強選好関係x>y、すなわち、x≥y & not (y≥x) という関係を示している（ただし、≥は弱順序）。カードには、円グラフの上に賞金の額が書かれ、円の面積に占める黒塗りの扇形の面積の割合が勝率として表現されていた。実験では、何通りかのパターンが用意されていたが、典型的なパターンでは、表9-1のような5枚のカードを組み合わせて、どちらを選好するかを尋ねた

4.50 ドル

0 ドル

図9-1　実験で用いられたギャンブルカードの例（Tversky, 1969より作図）

表9-1　推移性を検討する実験課題（Tversky, 1969）

ギャンブル	勝率	賞金	期待値
a	7/24	5.00ドル	1.46ドル
b	8/24	4.75ドル	1.58ドル
c	9/24	4.50ドル	1.69ドル
d	10/24	4.25ドル	1.77ドル
e	11/24	4.00ドル	1.83ドル

のである。aからeに移るにつれて、勝率は高くなり、賞金額は低くなっている。aとb、bとcのような比較判断の場合には、わずかな勝率の違いは無視されて、賞金額の大きい方が選ばれる傾向にあったが、aとeのような勝率が大きく異なる組み合わせの場合は、勝率の高いeの方が選ばれる傾向があった。これは、a>b, b>c, c>d, d>e, e>aという関係を示しており、明らかに非循環性を満たしていないのである。このことは、推移性の条件も満たしていないことを示している。

　トヴェルスキー（1969）は、また、表9-2のような5人の大学への志願者の知性、情緒的安定性、社会性に関する評価のパーセンタイル順位得点を被験者に提示し、知性を最も重視した上でどの志願者を大学へ入学させるべきかを一対比較で答えさせた。aとb、bとcのような比較判断の場合には、わずかな知性の評価の違いは無視されて、他

表9-2　非循環性を検討する実験課題 （Tversky, 1969）

志願者	知性	情緒的安定性	社会性
a	69点	84点	75点
b	72点	78点	65点
c	75点	72点	55点
d	78点	66点	45点
e	81点	60点	35点

の次元の評価の高い方が選ばれる傾向にあったが、aとeのような知性の評価が大きく異なる組み合わせの場合は、知性の評価の高いeの方が選ばれる傾向があった。この結果も、a>b, b>c, c>d, d>e, e>aという関係を示しており、明らかに非循環性のみならず推移性も満たしていない。このことは、多くの被験者の選好判断が、完全合理性の基準である選好関係の弱順序性を満たしていないだけでなく、非循環性も満たしておらず、人間が最良な選択肢を見つけがたいことを示唆している。

4　顕示選好と合理性

4-1　顕示選好とは

　選好を知りたいとき、どのようにして調べるかが問題になる。このことは、効用関数をどのように推測するのかということにもつながる。選好を、社会心理学で行われているように質問紙法などで直接尋ねることは可能である。しかし、人々が正直に答える保証がない。それに対して、消費者の合理性を仮定して選好についての情報を得る方法論を、顕示選好（revealed preference）の理論という。

4-2 合理性と顕示選好のより一般的な定義

　ここで、合理性と顕示選好のより一般的な定義を述べよう。合理的選択の基礎概念を説明するために、選択肢の集合Xの任意の部分集合の集合（集合族）Kを定義域とする関数Cを選択関数（choice function）として定義することができる。このCは選択関数として理解することができる。任意のS∈Kは選択肢の機会集合（opportunity set）となり、C（S）は機会集合Sからの選択集合（choice set）と呼ぶことができる（鈴村, 2009）。以下では、任意の機会集合S∈Kに対する選択集合は空集合ではないと仮定する。

　ここで、選択関数Cから導くことができる顕示選好関係（revealed preference relation）Rcを、下記のように定義できる（鈴村, 2009）。

$$\forall x, y \in X, xRcy \quad \Leftrightarrow \quad \exists S \in K, x \in C（S）\text{ かつ } y \in S$$

　すなわち、選択肢集合Xの任意の要素x, yについて、xがyに顕示選好されるということ（$xRcy$）は、ある機会集合Sのもとでx, yがその要素である場合xが選択関数Cから選ばれる選択肢であると定義できるということである。この顕示選好の概念は、端的に言うと、顕示選好されるということが機会集合の中から選択されるということと等価であるということである。伝統的経済学の中では、この顕示選好の考えをさらに広げて考えることによって、顕示選好から効用関数を推定することを保証している。

　一方心理学の中では、手続き合理性を考えることが一般的であるが、心理測定を考えると、どうしても選択結果から心理反応の関数を考えており、この関数の推定にあたっては、経済学における効用関数推定と同じように、顕示選好が仮定されているのである。言い方を変える

と、選んだ行為によってその人の欲求や動機を考えるという意味では、顕示選好的に人間を理解していることになる。したがって、心理学においては、理念的にはサイモンのいうような手続き的合理性が考慮されている一方で、方法論的には実体的合理性が仮定されていると言えるのである。このことは伝統的な実験心理学のみならず、精神分析学のような広義の心理学においても言えるのではないと思われる。たとえば、フロイド（Sigmund Freud）によって提唱された人々の無意識の過誤や言い間違いなども、無意識の中での目的の合理性を持っていると仮定しているように思われる。

　選択関数Cは、選好関係Rが存在して、その選好を与えられた機会集合の下で最適化する行動として統一的に理解できる場合は、合理的（rational）な選択関数であると呼ばれる。すなわち、選択肢の集合Xの任意の部分集合の集合（集合族）Kを考え、任意の$S \in K$は選択肢の機会集合（opportunity set）となり、X上の選好関係R（$R \subset X \times X$）が存在して、

$$C(S) = \{x \in S \mid \forall x \in S : xRy\}$$

が成り立つとき、$C(S)$は合理的選択関数と呼び、選好関係Rは選択を合理化すると言う（鈴村, 2009）。

　合理的選択関数があるということは、先に述べた最良選択肢が存在するということである。

リクターの合理化可能性の定理

　ここで、この合理的選択関数の存在と顕示選好の関係について紹介する。合理的選択関数が存在にとって、以下のリクター（M. K. Richter）の弱公理（Richter, 1971）という性質が必要十分条件になっている。すなわち、選択空間（X, K）上の選択関数Cの必要十分条件

は、Cがリクターの弱公理を満たすことである（鈴村, 2009）。

$$\forall S \in K, \ \forall x \in S : [\ \forall y \in S : xRcy \ \Rightarrow \ x \in C \ (S) \ ]$$

　このことは、選択機会集合Sの任意の要素x、yについて、xがyに顕示選好しているならばxは選択機会集合Sの中から選ばれるということである。

【証明】まず必要性を証明する。もし選択関数Cが合理化Rを有するとすれば、

$$\forall S \in K, \ C \ (S) \ = \ \{x \in S \ | \ \forall x \in S : xRy\}$$

が成立する。ここで、任意の$S \in K$と$x \in S$について$\forall y \in S : xRcy$が成り立つとすれば、顕示選好関係Rcの定義によって、

$$\exists S' \in K : x \in C \ (S') \ \text{and} \ y \in S'$$

が成り立つ。すなわち、Cは合理的選択関数で合理化Rを有するので、任意の$z \in S'$についてxRzが成り立つ。これを$y \in S'$に当てはめると、$x \in S$かつ任意の$y \ (\in S)$についてxRyということになる。RがCの合理化であることから、$x \in C \ (S)$になるので、リクターの弱公理の必要性が証明される。

　次に十分性を証明する。まず選択関数Cがリクターの弱公理を満足すると仮定する。すなわち、任意の選択機会集合を$S \in K$とし、

$$\forall S \in K, \ C \ (S, Rc) \ = \ \{x \in S \ | \ \forall x \in S : xRcy\}$$

が成立すると仮定する。

　このことは、$x \in S$かつ任意の$y \ (\in S)$について$xRcy$が成り立つことになる。これを仮定すると、リクターの弱公理によって$x \in C \ (S)$が成立することになる。このことから

$$C \ (S, Rc) \ \subseteq C \ (S)$$

が成り立つことになる。

　さらに、$x \in C \ (S)$であると仮定すると、任意の$y \in S$について、$xRcy$

となるので、C（S, Rc）$\supseteq C$（S）となる。このことから、CはRcを合理化する合理的選択関数であることになり、十分性が証明された。——証明終わり

このことから、最良の選択肢が存在するという合理的選択関数が存在するためには、顕示選好関係がリクターの弱公理を満足することが必要十分条件になっていることがわかる。リクターの弱公理というのはxが任意のyに対して顕示選好されているならばxが選択されるという要請であるが、この選好関係の背後には完備性と非循環性が仮定されていると考えることができるのである。このことから先のトヴェルスキーの実証研究を振り返ると、人間の意思決定がリクターの弱公理を必ずしも満足していないことが示唆される。

5　意思決定の不合理性と顕示選好

顕示選好関係の考えによると、人間の選好は、選択行為から推論できることになる。顕示選好に関するリクターの弱公理においても背後には人間の意思決定の内的一貫性が仮定されている。

このような観点に立つならば、意思決定が内的一貫性を持っている限り、合理性を持っていると考えることができる。しかし、人は、常に自分が好む選択をするとは限らないとも考えられる。心理学のほとんどの理論では、経済学における顕示選好の理論と同様に、選んだ好意から動機や内的傾向が推論される。これは現代の人格心理学、社会心理学、臨床心理学においても同様であるし、精神分析学においてもこのような暗黙の仮定があるように思われる。しかし、まったく望まないような意思決定をするということも考えられる。

人間には何かをしたいという欲求があると考えることができるが、この欲求が階層性を持っていると考えることができる。たとえば、喉

が渇いたら水を飲みたくなるが、この「水を飲みたい」というのが一階の欲求である。たとえば、麻薬を吸いたいという欲求を持つ行為者を考えてみる。この欲求がこの行為者にとっての一階の欲求である。この行為者が麻薬であり続けることを望んでおり、麻薬を吸いたいというこの欲求を持つことを欲していることがありうる。麻薬を吸いたいという欲求を持ちたいというこの欲求が、二階の欲求である。この行為者が麻薬を吸いたいという同じ一階の欲求を持ちながらも、本当は麻薬を止めたいと望んでいる場合もありうる。この場合にはこの行為者は、麻薬を吸いたいという欲求を持つことを欲しないという二階の欲求を持っていることになる。これは一階の欲求が二階の欲求によって承認されていない事例である。

　哲学者のフランクファート（H. Frankfurt, 1971）によると、人間だけが欲求や動機を持ったり、選択するのではない。これらを持つというのは人間だけでなく人間以外の種のメンバーも同じであり、そのうちいくらかは、熟慮をしたり、また先に考えたことに基づいて決定をしているように見えさえする。しかしながら、人間にとりわけ特徴的だと思われるのは、「二階欲求（second-order desires）」あるいは「二階の欲求（desires of the second order）」と呼ぶところのものを人間が形成できるという点である。

　スタノヴィッチ（Stanovich, 2010）が示唆したように、二階の欲求の概念を用いると、意思決定における合理性をさらに考えることができるだろう。すなわち、不合理な意思決定とは二階の欲求の観点からよくないと思われるが、一階の欲求からは合理的とみなせるものである。これがいわゆる不合理な意思決定であり、悪い意思決定（Takemura, 2021）であるともいえる。したがって、本人にとって望ましくない結果をもたらす悪い意思決定の回避は、親や知識人などの権威者が人々に与えるパターナリスティックな対応とは異なることとなり、近年行動経済学で唱えられているナッジ（Nudge）の概念とも若

干異なることになる。

　ナッジの概念は、行動経済学者セイラー（R. Thaler）と法学者のサンスティー（C. R. Sunstein）によって広められた（Thaler & Sunstein, 2008）。ナッジは、自動認知プロセスがトリガーされて望ましい結果を優先するように環境を変更することにより、個人が特定の選択を行う、または特定の方法で行動する可能性を高めると考えられている。個人の行動は必ずしも彼らの意図と一致しているわけではない。たとえば、平素からダイエットを望んでいても、大変お腹が空いているとラーメンが欲しくなったりしてダイエットを過小評価することがある。ナッジの手法では、一連の選択肢を作成する当事者の利益のために、簡便な意思決定方略（ヒューリスティックス）を使用することがある。言い換えれば、ナッジは環境を変更し、ヒューリスティックスが使用される場合でも、結果として得られる選択が最も望ましい結果になるようにすることを意図している。

　ナッジの概念は、ただし、提唱者も認めているように、パターナリスティック（父権主義的）であり、本人にとっての合理性という観点というよりも、より知識があり合理的推論ができる権威者にとっての判断が入っている。彼らは、いくつかの議論を通じてナッジに対するさまざまな批判に応えており、ナッジ理論を擁護し、何らかのかたちのパターナリズム（父権主義）は避けられないと主張した。

6　まとめと今後の展望

　本章では、経済人の合理性の問題について考察した。経済学の伝統的な観点をとるというより、意思決定して行動を行う人間という広義の意味で用いることとして、経済行動の合理性について考え、一種のメタ合理性の観点から合理性や不合理性について考察を行った。本章

では、意思決定の内的一貫性や顕示選好の考えの検討を通じて、選好の内的な一貫性という合理性の一つの基準が、経済行為の形式的合理性の一つにすぎず、実質的な合理性とは独立であることを述べた。さらに、心理学においても、暗黙の人間行動の理論的な仮定の中に顕示選好による内的一貫性の仮定が入っていることを指摘した。本章では、形式的な合理性を有していても、いわゆる不合理な決定や悪い意思決定に至ることがありえることを述べ、規範的理論としては、形式的合理性だけでなく、実質的合理性の観点、さらには実質的に不合理な決定を回避するという観点から意思決定や社会政策を考える必要性を指摘し、ナッジとの相違点を指摘した。ナッジは、セイラーがノーベル経済学賞を 2017 年に受賞したことにより注目されているが、二階の意味での合理性の観点をも超えており、どこまで倫理的に正当化できるかは難しい問題があるように思われる（Rizzo & Whitman, 2019）。

　著者は、彼らのリバタリアンパターナリズムとは異なり、より消極的な自由の観点を強く擁護し、結果重視というより意思決定者の自由意志に価値を置いて、さまざまな意思決定の処方の仕方を考えている（Takemura, 2021）。この観点の相違は、哲学者バーリン（Berlin, I.）が、自由の概念を説くときに、積極的自由と消極的自由の問題を論じたことに対応している。ナッジは積極的自由の概念に対応し、著者の立場は消極的自由に対応していると言える（Takemura, 2021）。どちらの立場がより望ましいかということは、規範的議論であり、読者の判断に任せることであるが、しばしばパターナリズムは、緊急時においては、コロナ禍における自粛警察や基本的人権の安易な抑圧のような全体主義傾向を引き起こす可能性がありうるので、注意が必要であるように思われる。最後になるが、本書の冒頭の「経済人は合理的でないといけないのか」という設問に対する著者の意見は、記述論的観点だけでなく規範論的観点からも No ということになる。

Q1：経済の動向を議論する際に心理学はどのように貢献するのでしょうか？

A1：心理学の中には、経済心理学という分野がある。経済心理学では、経済的状況の中での人々の判断、意思決定、行動を研究する。経済心理学では、個々の消費者がどのような判断、意思決定、行動をしているかというミクロな視点の研究（たとえば、買い物中の消費者の視線分析や行動観察など）と、商品やファッションなど流行現象のようなマクロな視点での研究（たとえば、製品の時系列に沿った普及過程現象の研究など）がある。また、経済心理学の下位分野になるが、消費者心理学という分野もあり、マーケティングや社会経済政策に生かされている。さらに、経済心理学の基礎には、数理心理学、計量心理学、認知心理学などが貢献している。たとえば、消費者の需要予測などに用いられるコンジョイント分析は数理心理学、ロジットモデルやプロビットモデルを用いた分析は計量心理学の中から生まれており、消費者の価格判断の系統的バイアスなどについては認知心理学の研究から生まれている。

Q2：消費者の選択を予測することはできますか？

A2：消費者の選択を予測することは、ある程度はできる。一つは前述したコンジョイント分析などの数理心理学的手法を用いることだが、消費者の商品の選好判断から複数の商品属性の部分効用を算出して、新しい商品の全体効用から当該商品の好ましさの程度や、市場占有率を予測したりする。もう一つは、消費者の選択を確率現象とみなして、ランダム効用を仮定して、誤差項に正規分布を仮定するプロビットモデル（サーストンモデル）やガンベル分布を仮定するロジットモデルがある。プロビットモデルは、心理学における因子分析や態度測定で有名なサーストン（L. L. Thurstone）が1920年代に開発し、これを改良してロジットモデルを用いて需要予測を行ったマクファデン（D. L. McFadden）は、2000年にノーベル経済

学賞を与えられている。

【参考文献】

Feldman, M. A. & Serrano, R. (2005). *Welfare economics and social choice theory*. New York, NY: Springer.〔川島康男・福住多一・飯島大邦（訳）(2009).『厚生経済学と社会選択論』シーエーピー出版.〕

Frankfurt, H. (1971). Freedom of the will and the concept of a person. *Journal of Philosophy, 68*, pp.5-20, reprinted in Watson 2003, pp.322-336.

三上隆三 (1987).『経済の博物誌』日本評論社.

Richter, M. K. (1971). Rational choice. In: J. S. Chipman, M. K. Richter & H. Sonnenschein (Eds.), *Preference, utility and demand* (pp.29-58). New York, NY: Harcourt Brace Jovanovich.

Rizzo, M. J., & Whitman, G. (2019). *Escaping paternalism: Rationality, behavioral economics, and public policy*. (Cambridge Studies in Economics, Choice, and Society) Cambridge, UK: Cambridge University Press.

佐々木憲介 (2002).「古典派の経済人概念」『経済学史学会年報』第41号, 71-79.

Simon, H. A. (1986). Rationality in psychology and economics. *The Journal of Business, 59*(4), 209-224.

鈴村興太郎 (2009).『厚生経済学の基礎』岩波書店.

Stanovich, K. E. (2010). *Decision making and rationality in the modern world*. Oxford, U.K.: Oxford University Press.〔木島泰三（訳）(2017).『現代世界における意思決定と合理性』太田出版.〕

竹村和久 (2015).『経済心理学：行動経済学の心理的基礎』培風館.

Takemura, K., (2020). Behavioral decision theory. In *Oxford research encyclopedia of politics*. Oxford: Oxford University Press. doi: 10.1093/acrefore/9780190228637. 013.958.

Takemura, K. (2021). *Escaping from bad decisions: A behavioral decision theoretic approach*. London, UK: Academic Press, an import of Elsevier.

Thaler, R. H., & Sunstein, C. R. (2008). *Nudge: Improving decisions about health, wealth, and happiness*. New Haven, CT: Yale University Press.〔遠藤真美（訳）(2009).『実践行動経済学：健康・富・幸福への聡明な選択』日経BP社.〕

Tversky, A. (1969). Intransitivity of preferences. *Psychological Review, 76*, 31-48.

Weber, M. (1922). Soziologische Grunbegriffe. In *Wirtschaft und Gesellschaft*. Tübingen: J. C. B. Mohr.〔清水幾太郎（抄訳）(1972).『社会学の根本概念』岩波文庫.〕

Weber, M. (1972). *Wirtschaft und Gesellschaft: Grundriss der Verstehenden Soziologie*, 5. revidierte Auflage, Tübingen: J. C. B. Mohr.〔世良晃志郎（訳）(1974).『法社会学』創文社／富永健一（訳）(1979).「経済行為の社会学的基礎範疇」『世界の名著61 ウエーバー』中央公論社.〕

10章　後悔しない意思決定は可能か

直感的に決めることも悪いとは限らない

繁桝算男

　われわれの日常生活を考えて見ると、間違えることばかりである。また、ああすればよかった、こうすればよかったと悔やむことも多い。このような人の判断に合理的だという根拠があるのだろうか？　本章は、このような過ちが多いことを認めたうえで、あいまいな状況における人の判断が合理的であるか、非合理であるかを、意思決定の公理論的理論を参照点として考察する。

1　問題

　最初に、『マネー・ボール』という映画にもなったベストセラーで描かれたビリー・ビーンの物語を例として考える。ビリー・ビーンは、金持ち球団と比べると格段に資金力が劣るオークランド・アスレティックスのGMを長年務めた人物である。彼は、選手のドラフトやトレードでどの選手を獲得するか、放出するかという決定の際に、経験のあるスカウトの意見よりも、統計数値を重視した。このようなやり方を世間では、合理的と言うようである。

　ビリー・ビーンは、高校ですでに野球選手として活躍し、将来の大器であると評価され、ニューヨークメッツから多額の契約金で勧誘された。彼は、同時に、学業にも秀でていてスタンフォード大学に奨学金付きで入学することもできた。迷った挙句、彼は、プロ野球を選ん

だ。しかし、入団後、周囲が期待するほどの活躍をすることはできなかった。それでもまだ若く、メジャーリーグで活躍する可能性も残されている状況において、彼は、スカウトになるという決断をした。その後、彼はGM（ゼネラルマネージャー、総支配人）になる。

この章を案内する重要な手段が、デシジョンツリーと呼ばれるグラフであるが、そのグラフを用いて、ビリー・ビーンの人生を描くと図10-1のようになる。

図10-1において、白の両矢印は、ニューヨークメッツであまり活躍できなかった時代の失望を表す。一方黒の両矢印は、この不遇時代に、スタンフォード大学に入学していればよかったという後悔の念を示す。スタンフォードへ行った後どうなったかはわからないので、これは、実際には起こらなかったことの想像である（以降このことを反実思考と呼ぶ）。この想像した事態と現実とを比べて、その差を感じるのが後悔である。

実は、ビリー・ビーンには、もう一つ重要な意思決定場面がある。GMとして評価が高くなり、名門のボストンレッドソックスから、当時の最高額の契約金で、GM就任の誘いがあった。しかし、高校卒業時の意思決定が、金額によって惑わされたと後悔したビリー・ビーン

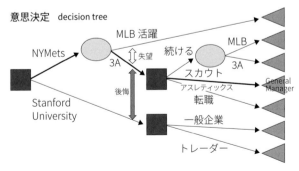

図10-1　ビリー・ビーンの歩んだ道

は、迷った挙句、オークランド・アスレティックスに残る道を選んだ。

　このようなビリー・ビーンのやり方は、数値を重んじ合理的だとされており、ベテランの経験に基づく、直感的評価を軽んじる場面も多い。しかし、このような方針に反対であり、数値に表れないスカウトの直感こそ大事だという人もいる。クリント・イーストウッドが演じる老スカウトの立場から撮られた映画が『人生の特等席』である。この二つの映画は、合理・数値データ・計算 vs 直感・勘・経験・感情という対立を表現している。

　それでは、本章ではどのような意味で合理的であることを定義しているのだろうか。大きく分ければ、合理性には、二つの意味がある。一つは、(1) 一つの体系内で矛盾を生じないという意味である。いくつかの前提条件を公理とし、そこから導かれる定理や系で体系を作れば、その体系の中では矛盾は生じない。

　二つ目の意味では、(2) 合理的であるということは、目的に照らし合わせて、行動や態度が、その目的達成のために有効であり、適切であるという意味である。本章で、人が合理的であるかどうかという問いにおいては、2番目の意味での合理性をまず問題とする。

2　人間は間違える

2-1　ギャンブラーの誤謬とホットハンド

　言うまでもなく、日常生活において、人は多くの間違いを犯す。三段論法などの論理的なつながりにおいても問題設定を複雑にすれば間違いが頻発する。日常においては100％真実であるという状況ではなく、もっとあいまいな、そして数多くの不確定性を含む状況における判断が迫られているので、間違いが多いのは不思議ではない。ここで

は、有名な判断の間違いとして、「ギャンブラーの誤謬」と「ホットハンド（hot hand）の誤謬」を取り上げる。

　ラスベガスのカジノで、ルーレットの赤か黒に賭けるとする。今、赤が5回続けて出た後、あなたはどちらに賭けますか？　実際にカジノの防犯カメラで確かめた現実の数字があり、続けて、赤に賭ける人は、約3分の1程度に減っている（Croson & Sundali, 2005）。条件付確率の概念を知っていれば、この評価はおかしいと思うはずである。これまで、赤が5回続いていても、ルーレットに仕掛けがない限り、赤が出る確率はほぼ2分の1であり、変わらない。

　一方、バスケットボールでは、ホットハンドを信じている人が多い。ホットハンドとは、バスケットボールなどの球技で、シュートの成功が続くと、その選手に流れが来ており、次のシュートに成功する確率も高いとされている現象である。これに対して、ホットハンドは誤りであるとする、ギロビッチたちの有名な論文（Gilovich et al., 1985）が発表され、ホットハンドの誤謬とも呼ばれるようになった。そしてこの間違いの原因の一つは、ランダムなパターンが正しく表象されないこととされた（ランダムな事象に規則性を見出そうとする認知バイアスはクラスター錯覚と呼ばれている）。

　しかし、本章で大事な論点は、ホットハンド現象が実際にあるかどうかではない。MLBで大活躍したイチローの打席の例を考えよう。今日の試合では、イチローは、3打席すべてヒットだった。次にヒットを打つ確率はどれくらいと聞かれれば、彼の打率（MLB通算では、.311）よりむしろ低い答えが予想される。興味深いのは、野球の場合、ホットハンドの誤謬は起こりにくく、ギャンブラーの誤謬（同じ事象はそう何回もは続かない）のほうに近いということである。次の系列は、確率0.311のイチローの30打席におけるヒット（1）と凡退（0）の系列として乱数（ベルヌーイ分布の乱数発生）を発生させたものである。

0 0 0 0 1 0 0 0 0 0 0 1 1 0 0 1 0 1 0 0 0 0 0 0 0 0 1 0 0 1 0

　一方、バスケットボールのシュートの成功（1）、不成功（0）のランダムな系列を示す。これは、2019 - 20シーズンで最高の成功率を誇った、ニューヨークニックのM. ロビンソンの数値 .742の数値を用いている。

1 1 1 1 1 1 1 0 1 0 1 0 1 1 0 0 1 0 1 1 0 1 1 1 1 1 1 1 0 1

　2つの乱数の系列を見てみればわかるが、ある程度以上の確率を持つ系列は、通常の感覚よりも、連続して起こるし、ある程度以下の系列では、1の数が連続して現れる場合は少ない。イチローが次もヒットを打つ確率や、ロビンソンが次もシュートを決める確率を評価するときに、このどちらのパタンと親近性が高いかによって、ギャンブラーの誤謬が起こるか、ホットハンドの誤謬が起こるかが決まる。これは、広い意味で、代表性ヒューリスティック（ある事柄の所属が、可能性のある代表的パタンとの親近性によって判断されること）による決め方であると言える。

　このような代表性による判断において、基本的に間違えているのは、確率を評価しなければならない対象が、一連のつながりの分布パタンではなく、この次のシュートの成否やヒットするかどうかということを理解していない点である。確率の言葉でいえば、評価の対象は、条件付確率であり、一連の分布の代表性ではない。条件付確率としてとらえる場合、評価場面の枠組みが明確であるギャンブラーの誤謬はデータに違反する。しかし、ホットハンドの誤謬は、本当に間違いと言えるかどうかについては、データの詳しい吟味が必要である。たとえば、ケーラー（Koehler, 2003）では、3ポイントショットコンテストの結果を詳細に分析し、ホットハンドの証拠はないと結論づけている。

一方では、ホットハンドの存在を主張する研究も2020年現在でも続いている。今の段階で本章の立場から言えることは、もしホットハンドがあるとしても、人々が考えているほどの違いはもたらさないことは確かである。

さて、確率パラドックスと呼ばれる興味深い一群の問題例は、ギャンブラーの誤謬等よりも一般的な枠組で、日常的判断と数学的確率との乖離を示す。これらの問題では、前提条件は明示されており、そこでは、数学的確率法則が通用する。その観点から、確率パラドックスはパラドックスではなく、問題状況をきちんと把握すれば、"正解"にたどり着く（ここではこれ以上触れない、繁桝（1995）では、二つの封筒問題、3囚人問題（モンティホール問題ともいわれる）などについて解説しているので興味のある読者は参照されたい）。

現実に当面する意思決定問題の枠組みはよりあいまいであり、客観的に冷静に見るとき、あるいは、"正しい"答えが想定できるとき、さまざまな"間違い"を犯す。心理学研究はこのような間違いを"摘発"することに熱心である。ちなみに、ネット情報の、List of cognitive biases（https://en.wikipedia.org/wiki/List_of_cognitive_biases）では、信念、意思決定、行動；社会；記憶の三つのカテゴリーに分けて、2020年11月段階で、約200個の認知バイアスがリストアップされている。

次節につなげるために、ここまでの内容をまとめておく。ギャンブルやスポーツ、あるいは、いわゆる、確率パラドックスと言われる課題において、実際に要求される確率評価は、条件付確率であることを認識することが大事である。より一般的に言えば、明確な枠組が設定されている状況では数学的確率の法則が有益である。

一方で、あいまいな状況設定（われわれの日常的判断が要求される場面は、九分九厘そうである）では、われわれの直感的判断は数学的確率の法則に従わないという意味で、"間違えている"ように見えるかも

しれない。しかし、われわれの判断が合理的でないとは言い切れない。そのことを、後悔に焦点をあてて考えて見よう。

2-2　後悔の念が起こるとき

どのようなときに後悔の気持ちが生じるかについて冒頭に一つの例を述べた。現在の自分を取り巻く状況と、あったかもしれない状況とを比べて、反実思考の対象の状況がより良いものである場合に後悔は起こる。心理学では後悔について次のようなシミュレーション問題を用いて検討している（これらの問題の多くには原型があるが、本章のために改作している）。

（ア）Aさんは、交通渋滞に巻き込まれ、ぎりぎりまで認められる開始時間よりもさらに5分の差で就職試験に遅刻し、受験することができませんでした。Bさんが着いたときには、許容される開始時刻のさらに30分後でした。どちらが後悔するでしょうか？

（イ）Aさんはいつも通りの道を運転して帰宅するときに事故に遭いました。Bさんは、気分転換のために、海岸沿いの別の道を選び、帰宅の途中事故に遭いました。どちらが後悔するでしょうか？

（ウ）Aさんは、強引に右折する車と接触し、事故を起こしました。Bさんは、運転中、突然、脱輪してきたタイヤにぶつかり、車を損傷しました。いずれも相手側が非を認めており、また、損傷の程度も同じ程度なのですが、どちらが後悔するでしょう。

（エ）Aさんは、テスト項目で最初に書いた答えを変えようかなと迷ったが、そのままにしたところ、誤答でした。Bさんは、最初の答えを訂正したところ間違いで、最初の答えが正答でした。

どちらが後悔するでしょうか?

（オ）Aさんは、好意を持つ女性に結婚を申し込みましたが、断られました。Bさんは、好意を持つ女性に結婚を申し込もうとしましたが、躊躇する気持ちも強く、そのままにしていたところ、彼女はほかの人と結婚することになりました。どちらが後悔するでしょうか?

（カ）AさんとBさんは、C社とD社、それに、E社の株のどれを買おうか迷っています。Aさんは、C社の株を買おうと思っており、また、Bさんは、E社の株を買おうと思っていましたが、二人で相談して、総合的に判断し、二人ともD社の株を買いました。1年後に、D社の株価は、ほどほどの上昇をしました。しかし、C社は大きい上昇をしました。それに対し、E社の株価は大きく下落しました。どちらが後悔するでしょうか?

　読者は時間があれば、自分ならどちらが後悔するかを考えてもらいたい。心理学研究の文献によれば、それぞれの問題で、（ア）A、（イ）B、（ウ）A、（エ）B、（オ）A、（カ）A がより強く後悔するということになっている。しかし、今現在AさんとBさんが置かれている状況はほぼ同じである。どのような心理メカニズムで後悔の差が生じるのであろうか。

（ア）そうあってほしいという状況と現実とが近いほど、少しの努力で現実を変えられたと思うほど、後悔は強い（近接性）。

（イ）普段と同じではない例外的な状況において悪いことが起こると後悔する（例外性）。

（ウ）現実ではない反実思考による想像がしやすいほうが後悔する（代替可能性）。

（エ）あえて行動することは、普段の生活の慣性を破ることであり、

それがうまくいかないと後悔する（行動性）。

（オ）問題（エ）と同様であるが、意思決定の結果がより重要な意
味を持つ場面である（行動性）。

（カ）ありえたかもしれない状況として、よりよい状況を想定する
際にのみ後悔が起こる（上向き思考、上向き比較）。

ただし、行動することによる後悔の問題（オ）においては、当座は、
Ａさんのほうが後悔する気持ちが強いが、Ｂさんの後悔の気持ちのほ
うが長く続くとされている。

さて、「後悔しないように決めなさい」というアドヴァイスをもら
うことが多いであろう。しかし、後悔することがそれほどわるいこと
なのだろうか？　後悔について、そのポジティブな側面を強調した本
に、『後悔を好機に変える』（ローズ, 2008）がある。p.154には、「後悔
は役に立つ。さっと現れて鋭いアドヴァイスをくれる」とある。この
本で、後悔しないための秘訣がいくつか書いてある。概ね、了解でき
ることであるが、次の二つの指針には異論がある。

（その1）行動の結果として、そうしなかったらより悪くなってい
たと考える（下向き思考、あるいは、下向き比較）。

先に挙げた問題（カ）では、まさに、Ａさんは上向き思考、Ｂさん
は下向き思考をしたことになる。確かに、Ａさんは後悔したかもしれ
ないが、その後の株取引には、このときの教訓が生かされる可能性は
高いと考える。実際、上向き思考のほうが後のパフォーマンスが高ま
るという心理学研究のいくつかは、杉本（近刊）で紹介されている。

（その2）行動しない、あるいは、選択肢の数を限定する。

この助言の根拠として、写真を交換できる場合のほうが選んだ写真
に対する満足度が低いという心理学研究を上げている（ローズ, 2008,
p.153 "背後の橋を焼き落とせ"）。すなわち、選択肢がない場合において、

無意識的に合理化システムが発動し、後悔しないとされている。確かに、選択肢が多すぎるのは意思決定のやり方としてよくない。しかし、問題を整理していないからそうなるのであって、行動しないという選択は、むしろ、長引く後悔を生じるという心理学的知見も多い。

2-3 後悔に関する心理学的知見のまとめ

(1) 人生を枠組みがはっきりしていない、あいまいな枠組みにおける意思決定の繰り返しと見るとき、むしろ、後悔は役に立つことが多い。

(2) ありえたかもしれない良い結果を想像すること（上向き思考）は、その後の意思決定において、どうすれば自分が向上するかについての要因に着目させるという利点がある。

(3) 自分が決定した結果の後悔は、その後の意思決定において、制御可能な要因に着目させる利点がある。

3 人は基本的に合理的である
—— 当たり前から導かれる主観的期待効用理論

「人は基本的に合理的である。」という主張が後半のテーマである。本章の前半では、人は間違えるというテーマから始まった。不確定性が含まれない場合においては、論理学的思考は常に正答であるとされる。たとえば、三段論法による答えは正答になる。また、ウェイソンの4枚カード問題 [1] では、命題の真偽とその対偶の真偽が常に一致するという知識が正答に結びつく。通常の場合、この法則を知らない、あるいは、気が付かないために人はよく間違えるが、それでも、論理学が間違えているとは心理学者は主張せず、何とか"正答"に近づけ

ようとする。本章の最初の部分で、不確定な事象を含む問題状況が明確に呈示されている場合には、数学的確率に従うことを勧めている。まずこの根拠を説明する。

3-1　主観的期待効用理論

　不確定性を伴う意思決定において、規範となる正答は存在するか？その答えは、主観的期待効用理論であると考える（Subjective Expected Utilityの頭文字をとって、SEU理論、あるいは、創始者とされているトーマス・ベイズ師の名前から、ベイズ理論とも呼ばれる）。なぜ、それは規範と言えるのか。当たり前と考えられる前提を公理としているからである。この前提は、平行線は交わらないというような前提よりも、万人に受け入れられる性質のものである。このことは、この章の著者が長年主張したことであり、より、詳しくはすでに書いたもの（繁桝, 1985, 2019）を参照してほしいが、ここで要点を採録しておく。数学的確率はコルモゴロフの公理が、起点であると思われるかもしれないが、コルモゴロフの公理を導く、より意味のある公理系（前提条件の組）がいくつか提案されている。その核心にあり、有限の個数の事象に対して、数学的確率を導くために十分な公理系は次の三つである。

1. あいまいな事象の蓋然性は比較できる
2. その判断は無矛盾である。
3. 誰から見ても一致する、0から1の"確率"の値を想定できる事象がある。

　意思決定に欠かせない、もう一つの概念が効用である（効用を裏から見れば、損失（loss）であるが、統計学などで損失はその定義が与えられているので、SEU理論では効用を用いる）。この効用については、次の

ような前提をおく。

4. ものごと（すなわち、物も事柄も）の望ましさはすべて比較できる。

5. 行動とは、何が起こるかわからないが、それによって生じる複数の結果がある確率で生起するくじを引くことと同じである。この行動の選択も無矛盾的である。

　これらの公理から、（有限の個数の事柄に対し）数学的確率が導かれ、また、もっとも良い決定は、予測される効用（すなわち、期待効用）を最大化する選択肢であることが直接導かれる。なぜならば、期待効用とは、最悪の結果に対し、最良の結果が起こる確率として定義されているので、各選択肢（行動）をとることによって、すなわち、そのくじを引く意思決定者にとって、その期待効用は、最良の結果が起こる確率である。それが最も大きい行動をとることは必然である。

　このような結論に対し、読者の方は直ちにいくつかの反論を思いつくかもしれない。たとえば、

反論1：現実の人間を確率や効用の測定手段とするとき、厳密な数値を見出す測定器具にはなりえない。

反論2：一回きりの明確に定義された決定場面における最適化を扱っており、現実の意思決定場面には役立たない。

　まず、反論1について考えよう。反論通り、上記の五つの前提条件を満たす人はいない。これらを公理として、規範として認めるとしても、人のできる蓋然性の判断はせいぜいのところ、きっと〇〇だろう、おそらく〇〇だろう、間違えているに違いない、などという確率言語判断に影響された無意識的な推論であり、数値化されるような正確な

表現が脳内にあるとは考えられない。また、これらの判断は、状況によって大きく左右される。プロスペクト理論の貢献は、確率や効用の判断が状況によって影響されることを興味深い実験を通して実証したことである。しかし、同じと見なされる評価対象の確率や効用が状況によって変わることは、主観的期待効用理論と矛盾するものではない。それぞれの状況において主観的確率と効用が定まるのは当然である。哲学者の中には、主観的期待効用理論は、規範にはなりえず、せいぜいのところ記述理論であると主張する者もいるくらいである[2]。

　いずれにしても、漠然としている蓋然性判断をどのように数学的確率として数値化するかは、心理測定を研究する者には大きなチャレンジではあるが、主観確率が一意に定まるという信念は幻想であろう。実際的で有効な対処法としては、確率を一意に定められないならば、確率評価値の分布を考えればよいと筆者は考えている。少なくとも、確率の評価値の信用区間（credibility interval 信頼区間と同じようなもの）を考えればよい。たとえば、きっとこの範囲にあるだろうという評価を99％信用区間、ほぼこの区間にあるだろうというのを80％信用区間、この区間にあるかどうかは五分五分であるという区間を50％信用区間とし、言語的な確率判断を数値的な区間に変換すると統計的議論が可能になる。また、主観確率とはいえ、数学的確率の間に成立する確率法則は満たすことが望ましく、確率法則を利用して確率評価を細密化することができる（繁桝, 1988）。

　確率や効用が決まらない場合には、それらの可能な値をいくつか用意し、シミュレーションを繰り返して、それぞれの値で最適な選択肢は何になるかを試してみればよい。

　次に、一回だけの最適化ではなく、人生に役立つ意思決定理論は、決定の繰り返しを最初から想定していなくてはならないという反論2を考えよう。人生を決定場面の連続としてとらえる図式は、デシジョンツリーである。人生は、時間とともに展開するだけで元には戻らな

い。ネットワークのように、パスが再び結びつくことはなく、一方向的である。先に、ビリー・ビーンの半生のグラフを書いたが、ここには二つのノードがある。決定ノード（四角）は、自己が決める分岐点であり、ランダムノード（楕円）は、他者、あるいは、自然が決める分岐点である。決定ノードは自分でいくつかの選択肢のうちの一つを選ぶことができるのだから、予想される効用を最大にする選択肢を選ぶ。ランダムノードでは、自分で決めることはできないのだから、予想するしかできない。この予想は、確率分布によって平均をとることと同義である。主観的期待効用において、「期待」と訳されているのはexpectedであり、日本語の意味での期待という感情は含まれていない。あくまで平均である。

　デシジョンツリーは、時々に当面する選択肢の整理と、関連する不確定事象を整理するツールである。デシジョンツリーの作成は後悔しない意思決定のための一つの処方箋であると考える。その活用のしかたについて、例を用いて説明しよう。

　大学を卒業するときに、大学院に進学するかどうか、迷っている場面を想定しよう。右側の最後の列の三角は、それぞれの選択の結果を示し、数値は、結果の望ましさの程度を示す効用である。効用は、先の公理から導かれる数値そのままならば、0から1の間の実数であるが、ここではわかりやすいように、この意思決定者の最も良い結果を100、最も悪い結果を0とする。主観確率と比較しても、効用の測定評価は難しい。確率ならば、数学的確率の間に成立する法則を満たすという制約があるが、効用はそういう制約がないからである。状況依存的であることは当然であり、かつ、意思決定者の思うままに定めることができる。この効用評価においても、自分の効用をいろいろに変化させて、最適な意思決定のパスがどう変わるかをシミュレーションしてみると良い。

　効用が図10−2のように与えられているとして、決定ノードとラン

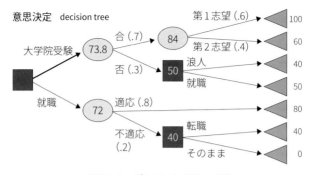

意思決定　decision tree

大学院受験 73.8 合 (.7) 84 第1志望 (.6) 100

第2志望 (.4) 60

否 (.3) 50 浪人 40

就職 50

就職 72 適応 (.8) 80

不適応 (.2) 40 転職 40

そのまま 0

図10-2　デシジョンツリーの例

ダムノードの数値の理由を示す。大学によっては、所属する研究室によって研究テーマが著しく異なることがある。第一志望の研究室と第二志望の研究室所属の効用がこれだけ異なるのはそのせいである。そして、研究室所属は自分の志望の強さや努力だけでは決まらない。できるのは予想するだけである。大学院受験に成功した場合に予想される効用は、$100 \times 0.6 + 60 \times 0.4 = 84$である。一方、決定ノードでは自分で選択できるのだから、たとえば、大学院受験を再び試みるか、就職するかは自分で決めることができる。時間軸を将来から現在へ、すなわち、右から左へたどっていくと、大学院受験という選択肢の期待効用は、73.8であり、学部卒で就職する期待効用は、72となる。この人の場合、大学院受験をするほうが良いと予想される。

　日常において、意思決定問題の枠組みがあいまいなことは事実であるが、そうであっても、ありうる事態をいくつかに整理し、そこからどのような結果が生じるかをできるだけ明確にすることは良い意思決定にとって重要な意味を持つ。

3-2　ベイズの定理

　ここまではベイズの定理[3]が説明されていない。ベイズの定理は非常に強力である。ベイズ統計学は、ベイズの定理をどのように使うかという方法論であると言ってもよいくらいである。このベイズの定理が成立するには、しかし、やはり理想的な前提条件が必要なのである。それは、

6. 仮説の真偽に関する判断は、得られたデータからの情報のみによって変更される。そのほかの状況の変化を主観確率の修正に用いることはできない。また、利用できるデータは、当該の仮説およびそのほかのありうる仮説の元での出現確率（データ発生モデル分布）を代表するサンプルでなければならない。

　この前提条件は、これまでに述べた五つの前提条件よりも、現実の意思決定場面に適用するのはさらに難しい。

　「人間ならば誰にでも、現実のすべてが見えるわけではない。多くの人は、見たいと欲する現実しか見ていない。」というのは、塩野七生氏の訳によるカエサルの言葉としてよく知られている[4]。心理学ではこの傾向は、確証バイアスと呼ばれ、正しいであろうと推測するデータを選択的に探す傾向を指す。ベイズの定理に従わないとしても、意思決定に関わる情報を、自分に都合の悪い情報を含めて万遍なく客観的に集めることが重要である。これは常に役立つアドヴァイスである。そのほかに、主観的期待効用理論から太鼓判を押せるアドヴァイスを二つ追加する。

- できるだけたくさんの回数の機会を見つけて決める。この理由を示す。他者の決定すなわちランダムノード（楕円）ならば、確率的平均しか予期できない。自分で決める場合、すなわち決定ノー

ド（四角）では、予想される効用は最大化される。繰り返しの決定の結果として、より大きな期待効用が予想できる。

- 自分を知り、確固とした信念のもとで、ありうる結果を長期的に評価し、揺るがない。この理由を示す。結果の望ましさがその場その場の状況や感情に依存して変動するならば、一連の決定の結果が良いものとはならない。

4　まとめ ── 後悔しない意思決定のために

　本章の前半部分では、人はどのような間違いをするかという心理学が積み重ねている知見をまとめた。そのうえで、評価場面の把握のしかたの勘違いによる間違い（たとえばホットハンド）もあるが、本質的には、明快な間違いというよりは、積み重ねられた人類の歴史を反映した、意味のある傾向であることを見てきた。後半では、主観的期待効用理論を紹介し、これが後悔しない意思決定のためのアドヴァイスとして役に立つことを見てきた。一つの公理論的システムの中で矛盾がないことは、そのシステムの前提条件が人の日常的判断において誰しも納得できるような性質のものならば、そのシステムは、二つの意味で合理的である。

　本章の最後に、前半と後半とを統合した、意思決定のアドヴァイスをまとめる。

1. ある程度の長期間のパースペクティブで考えること。代替案を時系列的に整理する。デシジョンツリーを作る。
2. 確率を理解し、正確な評価を心掛ける。認知バイアスの知識は、陥りがちな間違いを避ける効果がある。
3. 起こったことは変えられないが、なるべく客観的に記録する。

状況に巻き込まれない、冷静な効用評価が可能になる。

4. 行動を繰り返す。人生では何回もチャンスがあることを認識する。行動は、期待効用を最大にする。少なくとも少しは期待効用を上げる。これを何回も繰り返すと大きな差を生じる。

5. 目標を堅持し、その観点から、起こりうる結果の価値を評価する。効用評価は、自己の揺るがない価値観に基づくことが望ましい。

Q & A

Q1：個人的な決定ならば、自分の心の中の感情に忠実に決定している人のほうが結局のところ良い決定をしているのではないですか？

A1：本章の推奨するアドヴァイスを読んで、ある程度、納得されたとしても、このような疑問を持つ読者が多いであろう。たとえば、個人的決定で最も重要な決定の一つ、人生のパートナー（配偶者）を選ぶということを考えて見よう。GOOGOLというゲームがある。たとえば、ここに10枚のカードがあり、カードの裏には整数が書いてある。1かもしれないし、1000万かもしれない。なるべく大きい数のカードを選ぶというゲームである。すべてのカードを見ることができれば問題ないが、これぞというカードのところでストップをかけ、そのストップしたときのカードの値がその人の成績となる。あまり待ちすぎれば、たとえば、最後まで見るならば、10枚目のカードの数値を選ぶことになる。実は、これは確率計算をすれば、最初から3枚目までは（いくら大きい数字があっても）パスし、そのあとで、それ以上の整数を見たらそこでストップするのが最適であることがわかっている。

この"合理的"計算を、たとえば、配偶者の選択に応用しようとする者がいるとする。人生で10人の候補者に会うと想定すれば、最初の三人とは結婚はしないと決めておき、それ以降、それまでに最も良い候補者と結婚するのが良いということになる。このような戦略（？）を是とする人はおそらく稀であろう。本章の主観的期待効用理論は、状況の冷静な把握が重

要になるような決定場面に適用すべきである。計算しないまでも、デシジョンツリーを書いてみるだけでも、役に立つ。さらに言えば、個人的な決定よりも、多かれ少なかれ、他者を巻き込む公的な決定を行う人こそ考慮すべき規範であろう。例として挙げるのが適切かどうか迷うところであるが、日中戦争から真珠湾への攻撃に至るプロセスをデシジョンツリーに書いてみると良い。そこには、いくつかの転機があり、主体的な意思決定の機会があった。その時々の決定の評価についてはその折々の理由があったのだろうが、複数の選択肢のどれを選ぶかについて、この期間に一貫する意思決定者と世界観がなかったことは歴然としている（たとえば、森山優（2012）が参考になる）。

Q2：人生において、同じような決定の場面が繰り返されることを考えれば、後悔するのが良い後悔もあるということですが、何回もの繰り返しを予想できる青年にとっては後悔することも良いが、高齢者にとっては文字どおり「後悔しない」決定をすることが大事ではないですか？

A2：そのとおりである。それぞれの置かれた状況によって適切なアドヴァイスは変化する。「人を見て法を説け」と言うが、より一般的に言えば、一人一人の個性の違いと状況の違いによって、アドヴァイスは異なることは認めざるを得ない。主観的期待効用理論から一律の回答が出ることはもともと期待してはならないが、青年でも老人に対してでも、良いアドヴァイスの基盤ではあると考える。

Q3：後悔しない意思決定を目指すという合理的規範理論はできないのですか？

A3：後悔の数理モデルが、たとえば、竹村（2010, pp.33 - 37）で紹介されている。そこでは、後悔の念について、ある種の前提条件をおけば、選好逆転現象が説明されることが紹介されている。これは数理モデルであるが、公理系ならば即合理的というわけではない。前提条件を吟味し、どの

程度の範囲の状況で通用するかを常に問題にしなければならず、これまで提案されている数理的後悔理論は本質的に記述理論である。ちなみに、カーネマン（2014）も、記述理論としては、「後悔の理論はプロスペクト理論との違いをくっきりとは見せていない」という評価をしている（p.108）。

　質問に戻る。将来のある時点でのありうる結果の効用を推定できれば、その時点での各結果の期待効用が定まる。後悔の量をその時点での結果の最大値とそれぞれの結果との差分として定義すれば、もっとも後悔の量を少なくするという目的における規範モデルを提案できる。しかし、このやり方は、主観的期待効用理論に基づいているとはいえ、規範としては推奨できない。後悔はもともと後ろ向きの（反実思考による）感情の反映であり、そもそも、前向きに目標を目指して意思決定をするという規範的な姿勢からは遠くなる。前向きの確率予想ならば、今後のために努力すべきであるが、後悔を少なくするための将来の確率予想はそれほど意味がないと考える。

【注】

[1] ウェイソンの4枚カード問題は、4枚のカードがあり、片面が偶数ならば裏は母音であるというルールが成り立つことを確かめるためには、どのカードをめくればよいかという問題である。命題の「逆」や「裏」は、ルールが成立しなくても正しい場合があるので、「対偶」を選ぶのが正解とされる。しかし、このような単純な問題における間違いも、現実生活における多くの判断においては、必ずしも命題の検証とはならないことに留意すべきである。この場合、その検証の結果がどれくらい自分にとって利益があるかという観点から見れば、ある意味で正しい選択と見なされることもある。

[2] 行動経済学について知識のある読者は、合理的な人間像は過去のものと思うかもしれない。ベストセラー『マネー・ボール』の著者、マイケル・ルイスには、『かくて行動経済学は生まれり』という別のベストセラーがあるが、この本のキャッチフレーズでは、「合理的な人間像」を破壊し、経済学を覆した二人の天才についての物語、ということになっている。しかし、マイケル・ルイスの書に限らず、行動経済学が標的とする合理性は、客観確率を信じ、金額を世の中の価値を表すものとして、人間の経済行動を説明しようとする合理性であり、主観的な確率とその場限りの効用評価を許す主観的期待効用理論とは抵触しない。

[3] ベイズの定理は次のようになる。ある仮説（事柄の生起、命題の真偽など）に

ついての主観確率は、

　データを得た後の主観確率∝データを得る前の主観確率×その仮説が正しいとき当該のデータが出現する確率

というように、データによって更新される。
[4] 世の中では、詳しく調べる人が多いらしく、この文章に相当する原文は、カエサルの著書『ガリア戦記』のなかの、fere libenter homines id, quod volunt, credunt.「ほとんどの場合、人間たちは、自分が望んでいることを喜んで信じる。」（第3巻第18節）らしい。この文章は、多少、塩野氏の意訳である。

【参考文献】

Croson, R., & Sundali, J. (2005). The gambler's fallacy and the hot hand: Empirical data from casinos. *Journal of Risk and Uncertainty, 30*(3), 195-209.

Gilovich, T., Vallone, R., & Tversky, A. (1985). The hot hand in basketball: On the misperception of random sequences. *Cognitive Psychology, 17*(3), 295-314.

Kahneman, D. (2011) *Thinking, fast and slow.* Brockman, INC.〔村井章子（訳）(2014).『ファスト＆スロー：あなたの意思はどのように決まるか？（上）（下）』ハヤカワ文庫.〕

Koehler, J. (2003). The "hot hand" myth in professional basketball. *Journal of Sport Psychology, 2*(25): 253-259.

森山優 (2012).『日本はなぜ開戦に踏み切ったか：「両論併記」と「非決定」』新潮社.

Roese, N. (2005) *If only: How to turn regret into opportunity.* New York: Harmony.〔村田光二（監訳）(2008).『後悔を好機に変える：イフ・オンリーの心理学』ナカニシヤ出版.〕

繁桝算男 (2019).「ベイズ統計学」繁桝算男・山田剛史（編）『心理統計法』(pp.275-296) 遠見書房.

繁桝算男 (1985).『ベイズ統計入門』東京大学出版会.

繁桝算男 (1995).『意思決定の認知統計学』朝倉書店.

繁桝算男 (1998).「あいまいさの認知における合理性」『行動計量学』16巻1号, 39-48.

杉本崇（近刊）『漫画から入る心理学の話』（仮題）遠見書房.

竹村和久 (2009).『行動的意思決定論』日本評論社.

竹村和久 (2015).『経済心理学：行動経済学の心理的基礎』培風館.

11章 脳機能計測でわかること、わからないこと

fMRIを用いた研究で「メカニズムを解明」することは可能か不可能か

四本裕子

　心理学研究に機能的MRI（functional Magnetic Resonance Imaging）による脳機能計測が広く用いられるようになって20年が経過した。それまでは脳損傷のケースや動物実験から推察されていた人間の脳活動が実験的に測定できるようになった意義は大きい。一方で、fMRIで脳機能を調べた研究が意味するものが誤って解釈されることも多い。脳活動を測定できるからといって、人の心的活動のメカニズムをすべて明らかにできるわけではない。しかしながら、研究成果に関するプレスリリースや一般向けの書籍等では、不正確な記述や拡大解釈が使われていることも多い。誤った解釈がはびこる大きな理由の一つに、fMRIを用いた研究で何がどう測定されて解析されているかが理解されていないことにあると筆者は考える。「磁場を使って脳の血流量の変化を測定し、脳活動を可視化する。」という基本以上の理解を持つことで、不正確なプレスリリースに騙されるリスクも減らすことができるはずである。そこで本章では、「fMRIを用いた研究で『メカニズムを解明』することは可能か不可能か」を理論バトルの対象テーマとし、まずはfMRIが何を測定しているのかを概説する。そして、脳機能計測の結果が誤って解釈される四つの要因を挙げ、脳機能計測から導き出せる結論と導き出せない結論について議論する。

1 脳機能研究の歴史と方法

　脳機能研究の歴史を大雑把にまとめると、三つのフェーズに分けることができる。

　一つ目のフェーズでは、人の認知や思考に脳が関係していることがわかっていた。紀元前5〜4世紀の医師で医学の父とされるヒポクラテスは、心の座が脳にあると考えた初めの人物だと言われている。その後、人間の精神は脳室に宿るというガレノスの説や、人間の心と身体は松果体で交錯するというデカルトの説など、現代科学では否定されるような説も多分にあったが、人間の心理と脳が関係しているという点では一貫していた。

　二つ目のフェーズでは、脳の機能局在が明らかになった。1980年代には、ブローカ（P. Broca）により左脳前頭葉の梗塞によって発話の障害が起こることが報告され、ウェルニッケ（C. Wernicke）により上側頭回の損傷によって言語理解の障害が起こることが報告された。これらの領域はそれぞれブローカ野、ウェルニッケ野と命名された。脳損傷と失語の関係から、心的機能が脳の特定領域に局在していることが示された例である。さらに、1900年初頭には、ブロードマンが、脳の神経細胞を染色し、組織構造が均一である領域に分割した脳地図を作成した。その後、1930年代にペンフィールド（W. G. Penfield）がてんかん治療のための開頭手術中に脳を電極で刺激すると、刺激部位に応じて異なる心的活動や体の運動が生じることを明らかにし、大脳の一次運動野と一次体性感覚野の体性地図（ホムンクルス）を始めとするさまざまな機能局在を発表した。大脳皮質の各部位が、それぞれ特化した役割を果たしていることが明らかになったのがこのフェーズである。フェーズ2の後半に導入された機能的MRIは、それまでに報

告された機能局在の確認や、複数の実験条件で脳活動量を比較し、有意な差を示す脳領域を可視化する単変量解析などに用いられた。次節で概説する単変量解析は、現在でも幅広く使われている実験手法である。

　そして、現在の脳機能研究は、三つ目のフェーズに入っている。人間の心的活動と脳の特定部位を一対一で対応づけるのではなく、複数の脳領域の相互作用を前提として脳活動の多次元性に注目し、単一の脳領域には帰属できない脳活動とそれがもたらす心的活動の検証が可能となっている。本章では、フェーズ3で用いられるようになった手法として多変量解析を取り上げ、後の節で概説する。

2　fMRIの測定と単変量解析

　機能的MRIで測定されるのは、神経活動にともなう血中酸化ヘモグロビンに基づく信号（BOLD信号：Blood Oxygen Level Dependent信号）である。神経活動は一瞬だが、それにともなうBOLD信号は数秒から数十秒かけて変化し、その反応は、血流動態反応関数（HRF: Hemodynamic Response Function）としてモデル化される（図11‐1）。BOLD信号は、数ミリ立方メートル程度のボクセルごとに測定される。

　ここでは、実験と解析の例として、人の顔を見たときと建物を見た

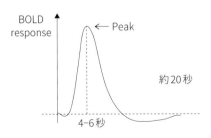

図11‐1　血流動態反応関数

（例）人の顔を見たときに活動する脳の領域を調べる実験

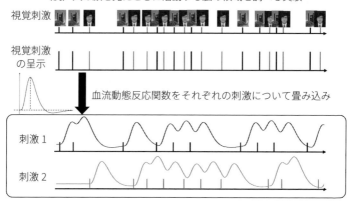

図11-2　刺激呈示タイミングと血流動態関数の畳み込み

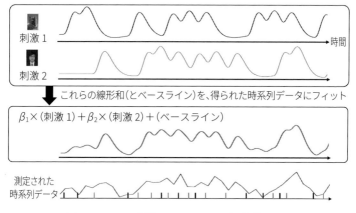

図11-3　BOLD信号のフィッティングと係数ベータ

ときの脳活動の違いを調べる実験を考える。まず、刺激の呈示タイミングを決める。そして、それぞれの刺激呈示タイミングに対して、HRFの畳み込みを行うことにより、図11‐2に占めるような波形を作成する。そして、これらの波形の線形和を得られたデータにフィッティングする（図11‐3）。ここで推定された係数ベータが、そのボクセルの活動量として使われる。このように、それぞれのボクセル（とその集合としての脳領域）についての条件間比較を行う方法を単変量解析と呼ぶ。単変量解析の結果は、係数ベータに条件間で有意差があるボクセルに黄色や赤で色をつけて「アクティベーションマップ」として可視化されることが多い。脳画像の一部が黄色や赤色で着色されているため、脳の一部が「光る」ように見える。

3　多変量解析

　1節で述べたフェーズ3で使われる多変量解析の手法の一つとして、マルチボクセルパターン分析（MVPA: Multi Voxel Pattern Analysis）がある。マルチボクセルパターン分析は、文字どおり、複数のボクセルを同時に考慮する。ボクセルパターンは、ボクセル数の次元を持つベクトルだと考えられる。

　顔を見たときと建物を見たときの脳活動についてMVPAで検証する場合の例を、図11‐4に示す。まず、それぞれの画像を呈示した際のBOLD信号を測定し、関心領域のボクセルパターンを作る。関心領域で得られたデータセットを、訓練セットとテストセットに分ける。訓練セットを用いて分類器という関数を作り、テストセットはその評価に用いる。図では二つのボクセルのデータを用いて2次元で表現しているが、実際の次元は関心領域内のボクセル数に対応する。分類器の作成には機械学習の手法が適用される。このように、MVPAでは、

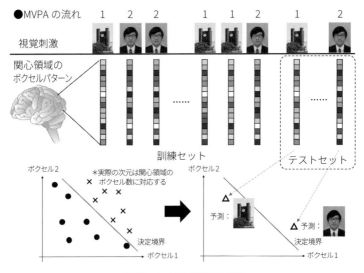

視覚刺激

関心領域の
ボクセルパターン

訓練セット

テストセット

ボクセル2

＊実際の次元は関心領域の
ボクセル数に対応する

ボクセル2

決定境界

ボクセル1

予測：

予測：

決定境界

ボクセル1

図11-4　MVPA解析の概要

複数ボクセルの活動の組み合わせによって条件をうまく分類できる関
数を作成し、その関数がテストセットをうまく予測できるかを評価す
る。分類器の予測精度が高い場合、二つの条件間でこの関心領域の活
動量は異なることが示唆される。MVPAで使うデータは特定の関心
領域に絞り込む必要はなく、脳全体のデータを用いて分類器を作成す
ることも可能である。

　多変量解析はグループ間の差の検証にも利用できる。また、ボクセ
ルではなく各脳領域を一つの単位として分類器を作成することもでき
る。たとえば、大脳皮質を80箇所に分割し、それぞれの領域の活動
量を測定する。図11-4の条件の代わりにその個人が属するグループ
を使うこともできる。複数の被験者のデータを訓練セットとみなし分
類器を作成し、新規の被験者のデータをテストセットとして分類器を
評価する。分類器の予測精度が高い場合、二つのグループ間で大脳皮

質の活動パターンが異なることが示唆される。

　多変量解析では単一の脳領域ではなく、複数ボクセル・領域の活動パターンで差を検証するという点が単変量解析との大きな違いである。

4　混乱はどこからくるのか？

　実験心理学の手法としてfMRIによる脳機能計測が広く用いられるようになり、膨大な知見がもたらされた。その科学的意義は大きいが、一方で、結果が誤って解釈される例が後をたたない。脳機能計測の誤った解釈が有害な差別に結びつきかねない場合もある。ここからは、脳機能計測の結果が誤って解釈される要因として、「平均値の差と機能局在の混同」、「因果と相関」、「MVPAの結果の解釈」、「脳の可塑性」の四つを挙げ、それぞれの観点から、何が言えて何が言えないのかを考える。

4-1　機能局在と平均値の差
── アクティベーションマップから言えること

　機能局在とは、文字どおり、ある機能がある脳部位に局在していることを示す。左脳の第一次運動野の右手の人差し指に対応する部分が活動すると、右手の人差し指が動く。左脳の第一次体性感覚野の右膝に対応する部分が活動すると、右膝に感覚を感じる。これらの機能は「局在」しているので、前者の活動は右膝の感覚をもたらさないし、後者の活動は右手人差し指の運動をもたらさない。「機能局在」の場合は、複数条件を比較した際の条件間の活動のオーバーラップが少ないか、もしくは無い。

　単変量解析で二つの条件を比較する実験では、多くの場合、条件間

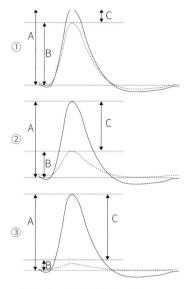

図11-5　条件間の差のパターン

の差が報告される。ある脳領域に条件間で有意差があった場合、その差には図11-5に示すようなさまざまなパターンがありうる。図11-5①の例は、条件Aと条件Bではともに関心領域が活動するが、その活動量は条件Aのほうがやや大きいことを示している。図11-5②の例は、この関心領域は主に条件Aで活動するが、条件Bでも小さい活動が観察されたことを示している。そして図11-5③の例では、この関心領域は条件Aで活動し条件Bでは活動しないことを示している。いずれのパターンでも、条件間には有意差が報告されうる。いずれの場合でも、有意差が出たボクセルをアクティベーションマップとして可視化すると、いわゆる脳領域の一部が「光る」画像になる。その差が図11-5のいずれに該当するかは、論文の詳細を確認しないとわからない場合が多い。

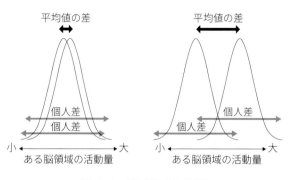

図11-6　平均値の差と個人差

　ある脳領域において条件間で有意差があることと機能局在はいかな
る関係にあるのだろうか？　図11-5①②の例では、この脳領域はど
ちらの条件でも活動しているため、条件Aの機能が「局在」してい
るとは言えない。そして、③の場合でも、条件Aの機能がこの脳領
域に「局在」しているかはこの結果からは断定できない。

　被験者をある属性で複数のグループに分け、グループの差を検証す
る場合にも同様の注意が必要である。図11-6では、課題中の脳活動
を測定し、ある脳部位の活動量を横軸にとってグループ別にヒストグ
ラムをプロットする場合を考える。図11-6左はグループ間の差の程
度（効果量）が小さい場合、右は効果量が大きい場合を示す。図11-
5の例と同様に、グループ間で差がある場合でも、その差の程度はさ
まざまある。グループ間で有意差が出たボクセルを可視化した画像
からだけでは効果量はわからない。

　ある性格特性の有無でグループ分けしてある課題中の脳活動を測定
し、前頭葉のある部位に有意差が出たとする。データを細かく検証す
ると効果量は小さくても、論文中の議論では「〜の性格特性に関係す
る脳部位を特定した」と書かれている場合がある。さらにその論文に
関するプレスリリースでは、「〜の性格特性が生じるメカニズムを解

明した」と書かれてしまう。その前後の文脈にもよるが、「関係する脳部位を特定した」と書くのは許容されるかもしれない。しかしながら「メカニズムを解明した」は誤解を招く書き方である。実際に、このような問題を含むプレスリリースやその後の報道をしばしば目にする。

さらに注意が必要なのは、グループの差が有意であることは、そのグループに属する人の脳活動を予測できることと同義ではない点である。特に効果量が小さい場合、あるグループの関心領域の活動量の平均が有意に高いことは、そのグループに属するある個人の脳活動がそうであることを必ずしも意味しない。図11-6に示したように、平均値の差の背後には常に個人差がある。その個人差を無視して、平均値の差を個人の特性の予測に使うことはできない。したがって、「〜な人は脳が〜であることを見出した」という説明も不適切な場合がある。

4-2　因果と相関

機能的MRIを用いた実験の多くは、ある心的活動の際のBOLD信号を測定する。ある心的活動と同時に発生する脳活動を測定するので、機能的MRIで測定されるデータは「神経相関」と呼ばれる。神経相関のデータは因果を意味しないことに注意が必要である。BOLD信号と心的活動の関係には、四つのパターンが考えられる。

一つ目は、BOLD信号増加が原因で心的活動が結果の場合である。視覚の知覚では、視覚刺激である光が眼球の網膜の視細胞を活動させる。その神経発火が視神経を介して大脳の後頭にある視覚皮質の細胞を活動させる。視覚刺激観察中の脳活動を測定すると、視覚刺激により視覚皮質でのBOLD信号が増加し、視覚という心的活動が発生する。この場合、視覚刺激の入力が視覚皮質のBOLD信号増加をもたらし、視覚皮質の活動が視覚という心的活動をもたらすことが示唆さ

れる。これはBOLD信号増加が原因で心的活動が結果の例であるが、この因果関係は電気生理実験や脳損傷の研究の蓄積により示唆されるものである。二つ目に、心的活動が原因で、ある脳部位におけるBOLD信号の変化が結果の場合が考えられる。ある脳領域の活動により、ある知覚や思考が発生した場合、その脳領域の活動・知覚や思考が、別の脳領域のBOLD信号に影響を及ぼす。そもそも大脳皮質では複数領域間が順行性と逆行性の接続を持つため、特に高次の心的活動については因果の方向性を一意に決定することは困難である。三つ目として、課題成績も関心領域の活動量も、共通の別の要因の結果であるという関係もありうる。たとえば、日常的にビデオゲームをするか否かで被験者をグループ分けして、ビデオゲームのような時空間課題の成績と課題中の脳活動を測定する。そもそも時空間課題が得意であるという知覚特性や、繰り返しの訓練によって時空間課題中の脳活動が変容している可能性が高い。そのため、被験者の知覚特性や訓練が共通要因となり、ある関心領域の活動量が高いことと時空間課題の成績が高いことが結果として測定された可能性は否定できない。さらに、四つ目として、課題成績と関心領域の活動量は関係ないが、偶然相関が得られたという可能性もある。

　ここまでに述べたように、機能的MRIで測定されるのはあくまで相関であり、測定された脳活動と心的活動の因果関係を断定することはできない。先述の性格特性で分けられたグループ間で関心領域の活動量に差があった場合でも、その性格特性の原因がその関心領域にあるかどうかはわからない。したがって、「その性格特性が生じるメカニズムを解明した」という説明は、因果と相関の視点からみても不適切である。

4-3 単変量解析・多変量解析と個人差

単変量解析で得られるのは、ある特定の脳領域の活動量の平均値の差であることが多い。「機能局在と平均値の差」で述べたように、単変量解析ではデータのばらつきが効果量に反映される。有意差を示したボクセルを可視化したアクティベーションマップに基づいて、特定の条件や個人の脳活動量を断定的に予測することはできない。

多変量解析では、複数のボクセルまたは脳領域の活動のパターンの差が検証される。分類器における決定境界はパターンの差に基づくが、分類器は条件やグループを100%の精度で分類するものではない。そのため、多変量解析でグループ間を分類できたとしても、同一グループの人の脳活動が同じであることを意味しない。

多変量解析でデータの次元が増えることにより、条件・グループ内のばらつきの情報が解析に利用できるため、単変量解析で有意差が見られない場合でも、多変量解析では分類器による条件間の弁別が可能な場合も多い。多変量解析では分類器に個人差が反映されるため、単変量解析より個人差の情報が解析に使われているという考え方もできる。しかしながら、そこで得られた結果から特定個人の脳活動を断定的に予測することができないのは単変量解析と同様である。

4-4 脳の可塑性

一般向けの書籍には、「脳の違いを理解して人間関係を円滑にする」という内容のものと「訓練して〜脳をつくる」という内容のものとが混在している。前者の代表が「男性脳・女性脳」の俗説である。男女は生まれながらにして脳が違うのだから、それぞれの脳が得意なことを生かして分業すべき、などと書かれている。この説の背景には、「脳

の構造や機能は遺伝的に固定されていて、環境や訓練からの影響は反映されない」という前提がある。一方で、訓練で脳をつくるという説の背景には、「脳の構造や機能は変わりうる」という前提がある。同じ筆者が、脳は固定であるという前提と柔軟に変化できるという前提をテーマによって使い分けている例もある。

　機能的MRIを用いた脳機能計測でも、脳は柔軟に変化することが明らかになっている。まず、脳は成長や加齢に伴って、大脳皮質の厚さ、白質の密度、領域間の接続、皮質の活動量などが変化する。長年にわたって楽器を演奏してきた人の脳はそうでない人と比べて脳領域間の接続が異なるという報告や、複雑な町並みを日々運転している運転手は、そうでない人と比べて空間記憶に関係する部位の大脳皮質のサイズが大きいという報告もある。数週間程度の知覚課題や運動課題でも、大脳皮質の活動や脳の構造が変化することもわかっている。脳の機能や構造が環境に応じて変化するこの性質は、脳の可塑性と呼ばれる。

　可塑性を考慮した社会・教育における差、行動・思考の差、脳の機能・構造の差の関係を図11-7に示す。図中の矢印で示すように、これらは互いに原因であり結果でありうる。さらに、差の効果量は要因間で異なるため、現実的には矢印の大きさも異なる。脳の可塑性を考慮せず、脳は生まれながらにして固定であり、それぞれの脳が得意なことを生かして分業すべきという俗説は、図11-7の灰色の矢印だけを取り出した考え方である。このような説がまかり通ると、社会・教育に現存する格差がさらに広がってしまう危険性がある。例に挙げた男性脳・女性脳の俗説に関係する性差については、脳、行動・思考で測定される性差の効果量よりも、社会・教育における格差のほうが大きい。さらに、先述のように、平均値の差から個人の能力を断定することはできない。可塑性や個人差を無視した俗説に基づく分業の推進は、さらなる格差拡大という負のスパイラルを起こしかねない。

図11-7　社会・教育、行動・思考、脳の機能・構造の差の関係

　次に、「訓練して〜脳をつくる」という説について考える。この説は脳が柔軟に変わるという可塑性を前提としており、その前提自体に誤りはない。しかしながら、ほとんどの場合、「〜脳」が何を意味するのか定義されず、あいまいなまま語られている。行動や思考は脳活動を伴うため、たとえば訓練によって数学が得意になった場合、数学課題を解いている際の脳活動も変化する可能性はある。しかしながら、具体的に脳の何が変化すれば数学が得意になるのかという対応関係の詳細は不明であり、脳の機能や構造の個人差も考慮されていない。単に「数学が得意な人」ではなく「数学脳」とすることで、注目を集める効果はあるのかもしれないが、脳とつけたからといって科学的な説明がされているわけではないことに注意が必要である。

5　神経デコーディング

　測定された脳活動からそのときの心的活動を予測・表現する手法を、神経デコーディングという。神経デコーディングは、脳機能の学術的理解の推進のみならず、ブレイン・マシン・インタフェースの開発にも大きく貢献している。神経デコーディングの技術は日進月歩で進化しているが、基本となるのは分類器の作成とそれによる予測である。

多変量解析の項目で述べたように、分類器の作成には訓練セットとなるデータが必要である。訓練セットを用いて分類器を作ったあと、テストセットの脳活動において心的活動を予測する。この際、分類器の精度や内容は、何を予測するかによって異なる。

　極端な例として、脳機能が局在しているものを予測することを考える。被験者は左手もしくは右手を動かすが、どちらの手が動いたかを実験者は見ることができない。実験者は被験者の脳活動からどちらの手が動いたかを予測する必要がある。この場合、左脳の一次運動野のBOLD信号が上昇すれば右手が、右脳の一次運動野のBOLD信号が上昇すれば左手が動いたことが予測できる。この予測は、訓練セットを用いて分類器を作らずとも可能である。

　対照的に、機能局在が明らかでない脳活動を用いてデコーディングするためには、訓練セットを用いて分類器の精度を高める必要がある。脳活動の強度やパターンには個人差があるため、同一個人の訓練データを用いて作成された分類器でないと精度の高い予測はできない。あらかじめ別の個人の訓練データを用いて作成した分類器を用いて、ある個人の心的活動を予測することは困難である。装着した簡易脳波計のデータから脳活動を予測するという製品も販売されているが、学術的な妥当性は乏しい。

6　脳機能計測で何がわかって何がわからないのか

　心理学者や哲学者と議論すると、「そもそも人の心的活動は神経活動だけで説明することはできない」と言われることがある。筆者自身も、人の心的活動は身体感覚からのフィードバックも含む身体性を含むため、脳だけで独立して心的活動を説明はできないと考えている。しかしながら、身体性の意識的・無意識的なモニタリングも神経活動

に反映されるため、やはり心的活動は神経活動に基づくはずであり、現時点では「まだ説明できていない」だけだと考えている。理論的に説明が不可能だという考えは理解できない。本章の執筆にあたって、「心的活動を神経活動から説明することはできない」という立場との理論バトルが可能かどうかも考えた。おそらくそのような理論バトルのほうがウケるだろうが、筆者にとっては、心的活動が神経活動から説明できるというのは、バトルにすらならない自明のことなのである。したがって本章は、心的活動は神経活動から生まれるという前提に基づいて書かれている。本章で問題にしているのは、現時点のfMRIの知見や技術から、心的活動の何がわかって何がわからないのかであることを強調したい。

　本章では、脳機能計測の測定と解析の概要をまとめ、平均値に統計的な差があることは特定の個人や条件の脳活動を断定的に予測できないこと、脳機能計測で得られるのは相関であり、因果ではないこと、個人差の扱いは解析方法によって異なること、脳の構造や機能は可塑性を持ち環境や訓練で柔軟に変わること、神経デコーディングの（現時点での）限界について考えた。冒頭で「fMRIを用いた研究で『メカニズムを解明』することは可能か不可能か」を理論バトルの対象テーマと定めたが、その結論は、何をもって解明できたとするかの定義に依存するとも言える。ただし、一般的に思われているような「メカニズムの解明」という意味では、それは現時点では不可能と言わざるを得ない。本章の議論では、明らかに間違った解釈と正しい解釈の比較になってしまい、対立する二つの理論という構図にはなりようがなかった。そもそも、脳機能研究にバトルするような対立する理論というものはあるのだろうか？　そのような理論を思いつけなかったことは、筆者の力不足である可能性は限りなく大きい。筆者は、「自分にとって自明の理論」と「その他の間違った理論」の2種類しか持てないようである。将来的には、そのような人の心理のメカニズムも神経科学

的に解明されるだろう。

Q1：アクティベーションマップで脳部位が「光る」のは、どう解釈すべきなのですか？

A1：可視化されているのが平均値の差なのか、それ以外の解析の結果なのか、それがどれほどの差なのかを知る必要がある。ある脳部位が有意差を示したからといって、その条件・グループの脳活動が「解明された」ことにはならない場合がほとんどであることに注意が必要である。

Q2：脳機能計測の結果を用いて、「メカニズムを解明」することは可能ですか？

A2：まず、「解明」が何を意味するのかの定義が必要である。脳機能計測で得られるのは神経相関なので、得られた結果を因果関係だと断定することは誤りである。

Q3：神経デコーディングで心や感情を読むことは可能ですか？

A3：どの脳部位の情報を使っているか、具体的に何を読むのか、分類器はどのように作られているのかによる。簡易脳波計と他人のデータから作られた分類器によるデコーディングは科学的妥当性に乏しい。

Q4：脳の特性を知って暮らしに活かすことはできますか？

A4：脳は環境や訓練で変わるので、測定した脳の構造や機能をあらゆることの原因とみなすことは誤っている。脳を理由に行動に制限を設けることは、差別や社会構造のさらなる固定化につながりかねない。

Q5：訓練によって「〜脳」をつくることはできますか？

A5：「〜脳」が何を意味するのか、具体的な定義が必要である。脳には

可塑性があるが、個人差もあり、一概に〜脳と定義できない場合がほとんどである。脳という単語をつけただけで、実際には単なる成績向上を意味している場合が多い。

【参考文献】

Huettel, S. A., Song, A. W., & McCarthy. G. (2014). *Functional magnetic resonance imaging*, 3rd ed., Sinauer. (http://sites.sinauer.com/fmri3e/)

小川健二 (2011).「fMRIマルチボクセルパターン分析」『神経心理学』*27*(1), 28-34. (https://jglobal.jst.go.jp/detail?JGLOBAL_ID=201102203188384518)

12章 心理学と理論（理論心理学）

心理学史の見地から
西川泰夫

1 心理学における理論とは

1-1 哲学的心理学から新心理学（自然科学的実験心理学）への変遷

　心理学における理論や法則、モデルの占める役割や機能は、心理学自体の基本的な特性によって決まる。その基本特性とは、心理学という学問分野の成り立ちに由来する。現今の心理学とは、19世紀にドイツで興隆した自然科学、中でも生理学や物理学、そして科学の共通の基盤である数学をもとに、従来の哲学的心理学から自立した新・心理学、自然科学的実験心理学のことを言う。その創設者は、ヴント（Wilhelm M. Wundt, 1832-1920）と認定されている。彼が、ライプチヒ大学哲学科教授就任以来整備していた私的な心理学実験室を、1879年秋学期の担当科目である心理学実験演習に公的に使用したことによる。なお、彼はハイデルベルグ大学で医師の資格を得て当初は医学部で「自然科学の立場からの心理学」（後、生理学的心理学と改称）を講じていた。彼の心理学を意識心理学ともいう。彼は心（意識）を解き明かすため、その源泉を感覚現象（末梢受容感覚器官の受け止めた経験事象）においた。そして感覚内容を構成するもっとも基本となる要素を求め感覚事象を分解、分析し、感覚要素を特定し一方その基本要素を組み合わせ元の感覚事象を復元、再現できる結合法則の探求に取り

組んだ。このアプローチは、自然科学における要素還元論、物質を構成する基本要素の解明とそれらを再結合し元の事象を再現できる原理や法則を明らかにしその理論体系を構築するというアイデアに倣い、心の法則体系、理論を探求するという試みである。そのさいヴントは彼に先行するウェーバー（E. F. W. Weber, 1806-1871, 医師、生理学者）やフェヒナー（G. T. Fechner, 1801-1887, 医師、物理学者）が得た心身相互の関係を示す精神物理学的関数とそのさいの計測法精神物理学的測定法（その総体を精神物理学という）を援用する一方、ヴント自身による要素への分析手法、内観法（ないし内省法）は、アリストテレス（Aristotelēs, BC384-BC322）同様自身の感覚内容を自身が分析する手法であるため客観性に疑念が残る。しかし、世界各国から彼の下で新心理学を学ぼうと留学しその結果、新心理学は世界に広まっていった。

　なお、日本への哲学的心理学の移入は幕末に始まるが、この新心理学は直接的にはアメリカ由来である。その担い手は元良勇次郎（1858-1912）である。彼は、ジョンズ・ホプキンス大学でホール（G. S. Hall, 1844-1924, アメリカ初の新心理学者）の指導で1888年に学位を得て直後に帰国、当時の帝国大学の講師を務め、精神物理学を講じたことに始まる（西川, 2013）。1890年には帝国大学教授に就任し以降日本の新心理学の開拓者となった（詳細は西川・高砂編, 2010など）。

　一方、このヴントの取り組みとは別の、人のみならず動物も対象とし客観的に観測可能な生体の行動データ（刺激-反応関係）を基にした行動心理学（行動の科学、行動論）が提唱される。これは、パヴロフ（I. P. Pavlov, 1849-1936, 生理学者）の条件反射学やダーウィン（C. D. Darwin, 1809-1882）の進化論をふまえ、ワトソン（J. B. Watson, 1878-1958）が提唱（1913）した新たな心理学、行動の科学である。心に代わり生体の行動、外界刺激への反応（独立変数-従属変数）関係を規定する行動の法則を明らかにすることを目的とした。そのさいの行動形成の方法論が条件付け操作である。ただし、心抜きの心理学と言われ

たように肝心の心自体の解明に問題を残した。この件（ならびに後の
スキナーの行動分析学（後述））が現状における心理学の二大パラダイ
ムの対立（認知論 対 行動論）を招き今に引き継がれているが、認知論
とはいえ論拠の一端は行動論にある（方法論的行動論）。というのも、
外界刺激要因のみが行動を決定するという徹底的行動論に対し刺激事
態への生体の反応、言語応答や動作、反応潜時（反応時間）など客観
的に可視化（実体化）計測・操作可能な反応データを基に、心的、認
知過程を究明するからである（西川, 1986, 1988, 2015など）。

　他方、フェヒナーの著書（『精神物理学原論』）を参考にまったく単
独で科学的実験心理学へ多大な貢献をしたエビングハウス（H.
Ebbinghaus ／宇津木訳, 1978）がいる。彼は、ヴントの試みた末梢感覚
受容器由来の感覚現象（経験事象）ではなく、人の高次精神機能であ
る記憶を取り上げた。自らを実験対象者として完全に記憶した語群
（無意味つづり語）が直後の時間経過に伴って忘れられて行く（忘却、
記憶の崩壊）過程を解明するため実験を行った。忘却の程度を節約率
という数値で表しその時間的推移を図示した。この結果を忘却（把持）
曲線という。彼は、この曲線に近似式を当てはめたが導入された変数
（パラメーター）は現象記述に止まり、忘却を左右する心的機構の解明や
さらに記憶現象全般の解明につながる理論構築に課題を残した。他の
多様な心理事象でも共通するこの論点が解消されるようになるのは以
後の20世紀になって、スティーブンス（S. S. Stevens, 1906 - 1973, 量推
定法を基に新精神物理学を提唱。導出関数をベキ関数という）やリュース
（D. Luce）、そしてインドー（印東太郎, 1923 - 2007）らによる数理心理
学の展開を待たねばならない。そのリュースは、フェヒナーの精神物
理学的関数、心身間の関係を示す対数関数は数理論的に妥当かと問う
（フェヒナー問題という）。心理量と対応する物理量はともに一定の値
の差分量（離散量）であるが、フェヒナーは連続量とみなし両者間の
関係を微分方程式に置き換え解いた。一方リュースは、本来の差分

（離散量）方程式を解き理論関数式を導出した（尺度レベルごとの各組み合わせの結果の概要は、西川 (2013) を参照）。ここに従来の哲学者らの思索や個人的な主観的帰納経験則による心の理論体系化に代わる新たな心の科学的演繹的理論体系化、理論心理学の典型例を見ることができる。

1-2 近代科学革命の影響
—— 新心理学（自然科学的実験心理学）の自立

16、17世紀になると近代科学革命が浸透し近代科学が興隆する。なお、近代科学革命という呼称は、ロシア生まれでフランスで哲学や科学史に取り組んだコイレ（A. Koyré, 1892 - 1964）らによる命名であるが、アリストテレスの自然学（現在の物理学に相当する）の抜本的な見直し、物事の認識の前提の徹底的な見直しをいう。科学史家のクーン（T. S. Kuhn, 1922 - 1996）の言うパラダイム・シフト（paradigm shift）にあたる。その骨子は、アリストテレスが依拠した自身の感性による観察で得た経験データへの解釈とその結果を集約した帰納的経験法則ではなく、観察機器による客観的な観測と計測装置の目盛りの値、数量データ間に内在する数理的論理構造に即して現象の説明と理解を可能にする新たな取り組みである。まずはレンズの開発により遠くのものを手近に引き寄せ（望遠鏡）、あるいは極小の物事を拡大して（顕微鏡）、それぞれを詳細に観察しその結果を装置の数値目盛りで表すことが可能になった。その結果、不可視な対象を可視化することができ主観的な解釈や推測ではなく客観的な科学的説明と理解が可能になる。同時にその有効性を検証しまた反証にも開かれさらなる精緻化が図られる。ちなみに、個々に異なるように見えてもその根底で共通する論理関係構造に応じた包括的な理論構築が可能である。そしてまだ観測されていない未知の事象の存在を予測し、モデル（数理モデル）を構

築し法則や理論の有効性や現象の再現性を客観的に確認できるようになる。その典型事例はそれまでの天動説（地球中心説）から地動説（太陽中心説）へのパラダイム（理論）・シフトである。いわゆるコペルニクス的転回である。かくして神の位置づけに止まらず、動物観から人間観の新たな展開、心観の見直しも避けられない。こうした時代精神から、アリストテレスの有形の学と分類される中の著作（*De Anima*（『霊魂論』桑子訳, 1999）、生命の源は心にある、という生命論に相当する）に止まらず、彼の無形の学である形而上学（メタフィジックス）に由来する心理学への見直しも起こった。さらに、近代科学革命の担い手の一人であるデカルト（R. Descartes, 1596 - 1650）の心身二元論（心身を相互独立に二分割）から派生する心身問題の解消を図る取り組み（現実にある心身間の相互関係は何か）がウェーバーやフェヒナーの精神物理学の提唱へと展開する。また同時代人のホッブズ（T. Hobbes, 1588 - 1679）の心身一元論（心身ともに機械一元論）は、現状の新たな心の科学、認知科学での最先端での展開、ちなみに人工知能（AI）研究などでの心観（心の機械論、心の記号論・計算論）の発端である。これらの経緯を経て、19世紀のドイツで興隆した自然科学、中でも生理学や物理学、そして科学の共通基盤となる数学を踏まえた新心理学、つまり自然科学的実験心理学が自立した（詳細は、西川, 1994, 2011, 2015などを参照）。

　一方、アリストテレスの自然学は、近代科学革命の集大成としてニュートン（I. Newton, 1642 - 1727）により古典力学（絶対時空間論）が整備された。しかし、20世紀初頭のアインシュタイン（A. Einstein, 1879 - 1955）の相対性理論（宇宙空間は双曲線幾何学空間）により新たな時空間論が提起される。この巨大空間に加え、現状中核理論となる極小空間論、量子論、量子力学が提唱される（クマール／青木訳, 2013）。現状最大の論点は、物理学理論の大統一理論とは何か、相対性理論と量子理論との統合の結果はいかなる理論構成（高度な純数学

理論）になるのか、という物理学におけるさらなるパラダイム・シフトが問われている。

1-3 決定論（線形性）から非決定論（非線形性）へ

　現在、さらに第四の科学革命ともいわれるカオス学（たとえば、グリッグ／上田監修／太田訳, 1991）や複雑性の科学（たとえば、ワールドロップ／田中・遠山訳, 1996）が新たな位置を得ている。従来の物理学が決定論であるのに対し、最先端の現代物理学、中でも量子論、量子力学は非決定論である。つまり、将来の帰趨は初期条件に鋭敏（過敏）に依存し（初期条件の微妙な相違によって）不確定で飛躍的に変動したり発散したり動揺し確率論的にしか言えない、という観点である。従来の決定論、将来の物事は現状の初期条件から直線的に外挿でき、将来は初期条件を与えると一義的に線形予測可能である、つまり因果の法則（因果律）によって確定できる、という観点とはまったく異なる。一方、心理学自体も近代科学革命のもたらした時代精神のもと、その対象である心、これ自体は不可視な対象であるが可視化する手段としてさまざまな客観的な観察機器が開発された。そのさいの計測法（心理測定法）や4種の心理尺度の数理論理構造に即して（S. S. Stevens, 1951）データの数量化が図られた。その数値間の数理論理関係構造から普遍的な心の科学的解明と説明や理解を可能にする新たな道が開かれた。加えて、客観的に観測可能な生物の行動に着目した行動の科学（行動心理学）が、大きな足跡を残してきた。心理学の現状はさておき、その将来は出発時の理念をさらに展開しえたかなど大きな内部問題を抱えていて、将来予測は言うまでもなく将来の在り方自体は不確定、不可能、不完全である（たとえば、スタイン／熊谷・田沢・松井訳, 2011）。そこで、「心理学は生き残れるか」という問いのみを提示する（たとえば、西川, 2017を参照）。

1-4　まとめ──心理学と理論、歴史的経緯

　アリストテレスに端を発する当初の理論とは、彼自身の感性による観察結果、経験内容から帰納された経験則を包括する体系、帰納的理論を指している。つまり、個別の経験事象の内容を集約した法則体系（帰納命題群）から構成された理論である。そのさいの道具（オルガノン）がアリストテレスの形式論理学である。

　ただし、この理論の有効性は、論証手段はさておきアリストテレスの感性によるのであり、彼と異なる感性による経験内容と常に一致するとは限らない。したがって、共感し納得することは可能であっても、理論の予想する新たな事象を追体験でき再認再現できるとは限らない。よく言っても理論に合わない例外事象があるということであるが、この点は理論の特性として求められる普遍性や客観性に問題が残ることは明らかである。すると絶えず例外事象を包括する新たな法則体系の構築、理論が欠かせない。理論としての不変性や安定性に欠けると言わざるを得ない。修正による対応ではなく基本的に新たな理論が要る。また、心は決定論的に究明可能か、これ自体が論点として残ることも指摘する。

2　心理学における理論の意義──理論の予測と再現性、日本独自の心理測定法と理論化の取り組み

2-1　両眼視空間の幾何学に関する理論 ──リーマン幾何学空間を事例として

近代科学革命以降の理論とは、理論物理学に典型的にみられるよう

な理論を言うが、数理論的にはアリストテレス直後の時代のユークリッド幾何学（『幾何学原本』BC300年頃）の重要な役割は現在でも変わらない。これはギリシャ数学の集大成であり19世紀に至る間の絶対的な権威書でもあり、現状でも幾何学の論理的基盤である。なお、日本の心理学界で知る研究者は多くないが、このユークリッド幾何学（全曲率K = 0）をはじめ後世の2種の非ユークリッド幾何学、つまりボヤイ（J. Bolyai, 1802 - 1860）とロバチェフスキー（N. I. Lobachevskii, 1792 - 1856）の双曲線幾何学（K＜0）、そしてリーマン（G. F. B. Riemann, 1826 - 1866）の楕円幾何学（K＞0）を前提理論に据えた実験研究がある。それは限定条件下での認識空間（両眼視空間）の幾何学的構造を明らかにするためリーマン幾何学空間の数理論理的構造から演繹される全曲率K（正、負、0）の3タイプのいずれに該当するのか実験的に検証するもので、数理心理学者ルナバーグ（R. K. Luneburg, 1947, 1950）により提唱された。彼は、人の認識に内在する計量特性、認識距離関数を基に3種の幾何学を理論的前提におき、それらから演繹される論理的演繹予測命題のいずれが両眼視空間で観測される事象を的確に再現し説明するのかを検証するため取り組んだ。しかし、彼自身は急逝したため検証は残されたままであった。その後日米英を中心に理論的再検討をはじめ演繹命題の検証研究が行われてきた。日本での代表的研究は故印東太郎（慶応義塾大学・カリフォルニア大学アーバイン校）名誉教授と弟子たちの手で行われた。その一例として、たとえば、リュース他（1995, 印東生誕70歳を記念した本人の寄稿を含む編著）、Nishikawa（1967）, 西川（1993, 1994他）などがある。一貫した帰結は双曲線幾何学空間であった。

　なお、2020年度日本理論心理学会第66回大会（Web上会議システムによる）での筆者による講演8、「両眼視空間の幾何学：3タイプの幾何学（理論）のいずれに合致するか」は、本項を補完する。つまり、ルナバーグの提唱する理論から演繹される予測命題、その再現検証実

験をはじめ、この研究をめぐる人類文明史の発端から現状に至る空間論の概要、当研究の日本の心理学史上の位置づけや関連トピックス（詳細は、西川・高砂編, 2010）を紹介しているので参照されたい。

2-2　多重比率判断法の適応例として

筆者の行った心理空間内で計測された認識距離行列の満たす幾何学的空間構造を検討する取り組みの一端を紹介する（Nishikawa, 1967）。このさいの認識距離を計量化する心理測定法は、印東（Indow & Uchizono, 1960）の開発した日本発の測定法、多重比率判断法（method of multiple ratio judgments, Indow法ともいう。尺度レベルは比率尺度）を適応した。暗室内の小光点間の認識距離データをもとに多次元解析法（因子分析）により分析した（固有値、固有ベクトルの算出）。この多次元解析の結果二次元ユークリッド空間であること、その上に再現された認識点の配列からホロプター曲線（この他の類似な現象の詳細は、上記講演8に譲る）などが再現できることなどが判明した。この帰結は、因子分析で得られた固有値の個数が2個であることから2次元直交空間、つまりユークリッド幾何学空間上に再現できることを、また、固有ベクトルより、個々の認識点のユークリッド平面上の座標値が得られることを示す。この認識点を呈示物理刺激点に重ねると、2次元平面上での認識点の位置が定まる（詳細は、Nishikawa, 1967に譲る）。両眼視空間は、局所的にはユークリッド空間であることから、この結果は実験室内の範囲の空間では自然であろうか。しかし従来の実験結果は、一貫して双曲線幾何学空間（全曲率K＜0）であることを示唆しているので、今後理論的、実験的にも新たな検討が欠かせない。

なお、印東はこの多重比率判断法を、マンセル表色系（色立体）の幾何学的空間構造の再検討に適応し多次元解析を行った。印東はその研究成果などによりジャッド（Judd）賞（国際色彩学会（AIC）に設け

られた色彩科学関連研究で卓越した業績を上げた研究者を称えるための賞）を受賞（1989）している（長谷川, 1989を参照）。これは日本人として初のことであった。また印東は、これ以前にこの国際色彩学会の第2代会長（1974 - 1977）でもあったことを記す。

2-3　両眼視空間の幾何学 —— 今後への開かれた論点

　両眼視空間の幾何学は多くの実験結果で一貫しているが、なお開かれた論点が残る。その一つはユークリッド空間上への写像（この結果をユークリッド地図という）関数の適否である。ルナバーグが導入した写像関数以外の関数系でも同様の帰結に至るのか興味ある論点である（たとえば、西川, 1969）。さらに両眼視空間の幾何学を確定する決め手となる個人定数、全曲率Kの値（正負0）と各自の認識距離の変化に対する感度指標 σ の値の安定性なども当然興味深い論点となる。その他に、運動光点の場合の幾何学空間は同じか、なども論点となる。さらに、この研究で取り上げたような現象だけではなく多様な要因の絡む一般的な心理事象へ同じ帰結を拡張できるのかも論点になる。これらの多様な論点は、心理学における理論の特色や役割と意義を明確にするうえでも大きな問題点である。これらも今後の展開に待ちたい。

2-4　まとめに代えて —— 心理学における理論をめぐる補足

　現実の心理空間、両眼視空間の幾何学を決める決め手となる認識空間に固有の計量特性ないし計量距離構造を左右するのは、認識主体の心理データ（認識距離など）に内在する論理関係構造（認識距離関数）次第である。つまり、ある幾何学理論が心理空間の総体を説明する理論であるか否かは、理論から演繹される可能な予測内容に合致する心的現象が観測できるか、あるいは実験やシミュレーションで当該の心

理現象を一つでも再現できるか否かによって決まる。この点では経験事象を多数集める必要はない。一つでも理論の予測内容を再現できる事象が存在するならば、その理論の有効性を損なうものではない。そもそも演繹理論体系は、その内部の論理的無矛盾性が成立する限り、内的に整合的であるならば、それ自体は理論として妥当である。このことは、そもそもの幾何学自体にも当てはまることである。ユークリッド幾何学の第5公理に代わる公理のもとで得られる幾何学の内部には論理的矛盾は証明できない。このことから、非ユークリッド幾何学、まず双曲線幾何学、続いて楕円幾何学が導出されるに至る。

　したがって、心理学における理論にとっても再現実験が重要になる。昨今の物理学理論は、こうした性格を強く持つ。そのさいの理論は、純数学的論理構造をもち、そこから演繹される命題群を再現できる実証データが存在するなら、その理論の信頼性にとどまらず妥当性があるということになる。そのため高度な機器類を駆使した精密な観測データの収集が欠かせない。現代物理学は、この点で極めて高度な宇宙探査機や望遠鏡などの観測装置をはじめ高度で大規模かつ高エネルギーを要する実験装置（素粒子加速器）や、超高速スーパー・コンピュータの開発など、加えて多くの専門家の協力が欠かせないため一国では手に余るような場合も多い。しかも相対性理論と量子論との大統一理論を求め最先端の物理学では極めて高度な純数学的理論構築が追究されている。

　一方、心理学が立ち上がるさいの手本となった物理学におけるような理論物理学での理論が、はたして心理学にもあるのかは、そもそもの心理現象に内在する計量特性や数理論理関係構造に見合う数理論理モデル、数理体系の有無に依存する。その中でも、先の両眼視空間の幾何学的理論の他にも位相空間論からの興味ある論考がある（E. C. Zeeman）が、指摘にとどめる（たとえば、西川, 1968）。

3 独自の理論体系
―― 革新的行動論者の排除すべき "理論" 観

3-1 スキナーの徹底的科学理論観

　自然科学的実験心理学の中で最も独特な理論観を語っているのは、スキナー（B. F. Skinner, 1904 - 1990）である。科学的行動論者（徹底的、革新的行動論者）として独自の実験行動分析学（オペラント心理学）を提唱した。彼の方法論的行動論をとる限り、認知論者も彼の影響下にあることは否定できない。そのスキナーの主張を聞いてみる。

　スキナーは論文「学習理論は必要か」（Skinner, 1950）の中で、理論観を表明した。ただし、真正面に理論とは何かを語るのではなく、彼にとって排除すべき3タイプの "理論" をあげ（概要紹介例は、西川, 1986, 2000など参照）、明示的に理論を規定するのではなく "理論" に該当しないのが理論である、ということである。当然彼が独自に主張する実験行動分析学総体を指すことになる。しかし、科学の営みは内的に閉じた閉鎖系ではなく外に開かれた開放系であるので、その総体をこれと規定することは難しい。その分、彼の理論観は不定形である。

3-2　スキナーが排除した3タイプの "理論" とは

　彼が排除すべき "理論" として第一に挙げているのは認知論である。なぜ排除するかというと、認知論の中核に据えられる心の所在、心的、認知的過程そのものを否定するからである。なぜなら、認知論者は人の行動の原因は心であり行動はその結果であるというが、そもそも心自体が何か説明されていないので科学的説明ではない、という。しか

も、説明の無限後退をもたらし本来の説明すべき対象である心を説明するのが同じ用語であり循環論である（この件は、西川，2015を参照）。要は、「心とは心のことである」ということになり、言葉の大海に引き込もうと結局はこうならざるを得ない。心とは何か、と問うたのではなかったのか。それを、暗黙のうちに抱く心の意味論や了解や納得と共感内容でよいとすると、客観的科学的心理学の否定になるという。続いて、スキナーが排除する"理論"は、当時の心理学界で標準科学とされていたワトソン以後の新行動論者の主張する概念体系、理論である。生じている行動を説明するため内的過程を復活した仲介過程や媒介変数を導入する行動論を排除する。そして、第三に、生理学者にとってはそうであるにせよ、行動論者として、行動の制御変数を身体内部の特に脳過程への言及やコンピュータ・システムに重ねた情報の処理過程に訴えることは不必要である、と主張する。行動論者にとって、行動が生じているという事実を説明するとは、行動場の刺激環境事態にある制御変数（刺激）を特定することであって、それ以外の何らかの過程、心的過程は言うまでもなく、生理学的、脳神経科学的過程に説明の根拠を求めたり、内的過程としての媒介過程を概念化し想定したりする必要はない、という科学的に極めて厳格な（それ故に徹底的で革新的な）行動論の立場を強調する。

　したがって、スキナーにとって行動科学者として彼のすべきことは、こうした"理論"を背景にするのではなく、「なぜ生き物はそう行動するか」という問いへの回答を得ることを目的とする、というのである。その答えとは、上に述べたように「行動場となる同じ環境事態に存在する行動の制御変数を特定すること」であり、その環境場とは異なった場や文脈に説明の原理を求めたり、概念体系に訴えたり、ましてや脳過程やコンピュータ・システムに求めることではない、という。その主張を具体化したのが彼の実験行動分析学であり、これ自体が彼にとっての理論である。その主張を実証するための実験装置も彼独自

の工夫で制作され現在これをスキナー箱と呼ぶ。この中でさまざまな刺激操作に応じて観察対象が自発する行動（オペラント行動）とその結果引き起こされた箱内の事態の変化（強化の随伴性（その機能を担う正負罰の強化子））に伴い、自発行動の出現頻度（ないし確率）を制御し、固有の行動を形成することで、なぜその固有行動が起こったか原因を特定できるのである。その行動形成過程を記録する装置が累積記録器である。彼の実験研究の対象は当初、ラットやハトで行われたが、後応用行動分析学をはじめ人を対象とするケースも多数に上る。その一端が、行動療法（生活習慣病対応、行動医学）、行動工学（社会工学、環境設計、ユートピア論、乳幼児用の養育箱（エアクリブ））、教育工学（コンピュータ先生）、薬理行動学（薬物など依存症対応）である。彼最晩年の認知過程に関するコロンバン・シミュレーション計画という興味深い実験研究もある（たとえば、西川, 1988 など）。

　他方、このスキナーの主張に対抗する情報科学、認知心理学をはじめ上で一端を紹介した新たな心の科学である認知科学、ならびに人工知能（AI）研究を通して、新たな心観の構築も同時に図られていることも改めて指摘する。ことに現在のAI研究は、新たな局面（深層学習法の導入による第三次ブームともいわれる）にあることは言うまでもない。加え、カオスや複雑性の科学などの新たな動向を指摘する。その現状に至る間の研究史や心（知性、思考）をめぐるパラダイムとその変遷の背景の一端などは、たとえば、西川（2015）に譲る。

本章を閉じるのにあたり参考課題

　本章の理解を促進し学びの成果確認にあたり、自問自答する助けとして。

1.　近代科学革命によって引き起こされたパラダイム・シフトの特色について

　キーワード例：近代科学革命により何が問われたのか。

2. 認知論と行動論の主要論点を対比し、両者の統合の可能性について。

　キーワード例：心とは何か、をめぐる論点の変遷。スキナーの理論観。
3. 意識現象を数量化する可否について。

　キーワード例：心理量の数量化。心理尺度レベル。数理的関係構造。
　　関数系。

【参考文献】

アリストテレス／桑子敏雄（訳）(1999).『心とは何か』講談社学術文庫.

エビングハウス，H.／宇津木保（訳）／望月衛（閲）(1978)『記憶について：実験心理学への貢献』誠信書房.

グリック，J.／上田睆亮（監修）／大貫昌子（訳）(1991).『カオス：新しい科学をつくる』新潮社.

長谷川敬 (1989).「印東太郎教授のジャッド賞受賞をお祝いして」『日本色彩学会誌』Vol.13(2), 巻頭言.

Indow, T. & Uchizono, T. (1960). Multidimensional mapping of Munsell colors varying in hue and chroma. *Journal of Experimental Psychology, 59*, 321-329.

クマール／青木薫（訳）(2013).『量子革命：アインシュタインとボーア、偉大なる頭脳の激突』新潮文庫.

クーン，T.／中山茂（訳）(1971).『科学革命の構造』みすず書房.

Luce, D., D'Zmura, M., Hoffman, D., Iverson G. J., Kimball Romney, A. (Eds.), Geometric representations of perceptual phenomena. Papers in honor of Tarow Indow on his 70th birthday. LEA.

Luneburg, R. K. (1947). *Mathematical analysis of binocular vision.* Princeton University Press.

Luneburg, R. K. (1950). The metric of binocular visual space. *Journal of the Optical Society of America, 40*(10), 627-642.

Nishikawa, Y. (1967). Euclidean interpretation of binocular visual space. *Japanese Psychological Research. 9*(4), 191-198.

西川泰夫 (1968).「視覚現象の位相数学による記述：Zeeman. E. C. の考え方の紹介」『科学基礎論研究』*8*(4), 30-37.

西川泰夫 (1969).「両眼視空間と物理的空間との対応関係：mapping function について」『心理学研究』*40*(1), 24-36.

西川泰夫 (1986).「認知心理学への手引き：オペラント心理学からの批判的吟味のもとで」『テレビジョン学会誌』*40*(4), 240-244.

西川泰夫 (1988).『実験行動学：行動から心へ』講談社.

西川泰夫 (1993).「空間表象記号間の関係構造とその幾何学：認知空間への計算論的接近」『上智大学心理学年報』*17*, 33-53.

西川泰夫 (1994).『心の科学のフロンティア：心はコンピューター』培風館.

西川泰夫 (2000).「心理学における理論をめぐって：理論心理学の可能性を求めて」『理論心理学研究』2(1), 23-32.

西川泰夫・高砂美樹（編）(2010).『改訂版　心理学史』日本放送出版協会.

西川泰夫 (2011).「現代心理学成立への道程に関する論考：アリストテレス形而上学、科学革命、そして新心理学へ」『心理学史・心理学論』12/13合併号, 17-28.

西川泰夫 (2013).「解題の試み：元良勇次郎論説「精神物理学」（第4回より）——フェヒナー問題をめぐって」『心理学史・心理学論』14/15巻合併号, 1-11.

西川泰夫 (2015).『心をめぐるパラダイム：人工知能はいかに可能か』左右社.

西川泰夫 (2017).「心理学のフロンティア：心理学は生き残れるか」『心理学ワールド』77, 巻頭言.

Skinner, B. F. (1950). Are theories of learning necessary? *Psychological Review, 57*(4), 193-216.

スタイン，J. D.／熊谷玲美・田沢恭子・松井信彦（訳）(2011).『不可能、不確定、不完全：「できない」を証明する数学の力』早川書房.

Stevens, S. S. (1951). Mathematics, measurement, and psychophysics. In S. S. Stevens (Ed.), *Handbook of experimental psychology* (pp.1-49), New York: Wiley.

ワールドロップ，M. M.／田中三彦・遠山峻征（訳）(1996).『複雑系：科学革命の震源地・サンタフェ研究所の天才たち』新潮文庫.

Watson, J. B. (1913). Psychology as behaviorist views it. *Psychological Review, 20*, 158-177.

執筆者紹介（執筆順）

北岡明佳（きたおか あきよし）【1章】

立命館大学総合心理学部教授。筑波大学大学院博士課程心理学研究科修了、教育学博士。

主要著者：『トリック・アイズ』シリーズ（カンゼン、2002〜2019年）、『錯視入門』（朝倉書店、2010年）、『おもしろサイエンス：錯視の科学』（日刊工業新聞社、2017年）ほか。

上原　泉（うえはら いずみ）【2章】

お茶の水女子大学大学院人間文化創成科学研究科准教授。東京大学大学院総合文化研究科広域科学専攻博士課程修了、博士（学術）。

主要著書：『記憶の心理学と現代社会』（分担、有斐閣、2006年）、『実験で学ぶ発達心理学』（分担、ナカニシヤ出版、2004年）、『想像：心と身体の接点』（共著、ナカニシヤ出版、2003年）ほか。

小塩真司（おしお あつし）【3章】

早稲田大学文学学術院教授。名古屋大学大学院教育学研究科博士課程修了、博士（教育心理学）。

主要著書：『自己愛の青年心理学』（ナカニシヤ出版、2004年）、『はじめて学ぶパーソナリティ心理学：個性をめぐる冒険』（ミネルヴァ書房、2010年）、『性格を科学する心理学のはなし：血液型性格判断に別れを告げよう』（新曜社、2011年）ほか。

楠見　孝（くすみ たかし）【4章】

京都大学大学院教育学研究科教授。学習院大学大学院人文科学研究科心理学専攻博士課程退学、博士（心理学）。

主要著者：『心理学って何だろうか？：4000人の調査から見える期待と現実』（編著、誠信書房、2018年）、『ワードマップ 批判的思考：21世紀を生きぬくリテラシーの基盤』（共編著、新曜社、2015年）、『なつかしさの心理学：思い出と感情』（編著、誠信書房、2014年）ほか。

小田　亮 （おだ りょう）【5章】
名古屋工業大学大学院工学研究科教授。東京大学大学院理学系研究科生物科学専攻博士課程修了、博士（理学）。
主要著書：『約束するサル：進化からみた人の心』（柏書房、2002年）、『ヒトは環境を壊す動物である』（ちくま新書、2004年）、『利他学』（新潮選書、2011年）ほか。

杉浦義典 （すぎうら よしのり）【6章（共著）】
広島大学大学院人間社会科学研究科准教授。東京大学大学院教育学研究科博士課程修了、博士（教育学）。
主要著書：『アナログ研究の方法』（新曜社、2009年）、『他人を傷つけても平気な人たち：サイコパシーは、あなたのすぐ近くにいる』（河出書房新社、2015年）、『感情・人格心理学』（編著、遠見書房、2020年）ほか。

丹野義彦 （たんの よしひこ）【6章（共著）】
東京大学名誉教授。群馬大学大学院医学系研究科博士課程修了、医学博士。
主要著書：『健康・医療心理学』（編著、遠見書房、2021年）、『性格の心理：ビッグファイブと臨床からみたパーソナリティ』（サイエンス社、2003年）、『イタリア・アカデミックな歩きかた』（有斐閣、2015年）ほか。

村本由紀子 （むらもと ゆきこ）【7章】
東京大学大学院人文社会系研究科教授。東京大学大学院人文社会系研究科博士課程修了、博士（社会心理学）。
主要著書：『社会と個人のダイナミクス』（共編著、誠信書房、2011年）、『人文知3：境界と交流』（分担、東京大学出版会、2014年）、『社会心理学（補訂版）』（共著、有斐閣、2019年）ほか。

山　祐嗣 （やま ひろし）【8章】
大阪市立大学文学研究院教授。京都大学大学院教育学研究科博士課程認定退学、博士(教育学)。
主要著書：『思考・進化・文化：日本人の思考力』（ナカニシヤ出版，2003年）、『日本人は論理的に考えることが本当に苦手なのか』（新曜社、2015年）、『「生きにくさ」はどこからくるのか：進化が生んだ二種類の精神システムとグローバル化』（新曜社、2019年）ほか。

竹村和久（たけむら かずひさ）【9章】
早稲田大学文学学術院教授。同志社大学大学院文学研究科博士課程退学。東京工業大学大学院総合理工学研究科 博士（学術）。北里大学大学院医療系研究科博士（医学）。
主要著書：『Behavioral decision theory』（Springer, 1st ed, 2014; 2nd ed, 2021），『Foundations of economic psychology』（Springer, 2019，『Escaping from bad decisions』（Academic Press, 2021）ほか。

繁桝算男（しげます かずお）【編者、10章】
東京大学名誉教授。アイオワ大学大学院修了、Ph.D.
主要著者：『ベイズ統計入門』（東京大学出版会、1985年）、『意思決定の認知統計学』（朝倉書店、1995年）、『後悔しない意思決定』（岩波書店、2007年）ほか。

四本裕子（よつもと ゆうこ）【11章】
東京大学大学院総合文化研究科准教授。ブランダイス大学大学院修了、Ph.D.
主要著書：『ざんねん？はんぱない！脳のなかのびっくり事典』（監修、ポプラ社、2020年）、『科学の最前線を歩く』（分担、白水社、2017年）、『基礎心理学実験法ハンドブック』（分担，朝倉書店、2018年）ほか。

西川泰夫（にしかわ やすお）【12章】
上智大学名誉教授。慶應義塾大学大学院社会学研究科心理学専攻博士課程単位取得満期退学、文学博士。
主要著書：『実験行動学：行動から心へ』（講談社, 1988年）、『心の科学のフロンティア：心はコンピュータ』（培風館, 1994年）、『心をめぐるパラダイム：人工知能はいかに可能か』（左右社, 2015年）ほか。

心理学理論バトル
心の疑問に挑戦する理論の楽しみ

| 初版第1刷発行 | 2021年9月15日 |
| 初版第2刷発行 | 2022年12月20日 |

編　者　繁桝算男

発行者　塩浦　暲

発行所　株式会社　新曜社
　　　　101‐0051　東京都千代田区神田神保町3‐9
　　　　電話（03）3264‐4973（代）・FAX（03）3239‐2958
　　　　e-mail：info@shin-yo-sha.co.jp
　　　　URL：https://www.shin-yo-sha.co.jp

組　版　Katzen House

印　刷　新日本印刷

製　本　積信堂

© Kazuo Shigemasu (editor), 2021, Printed in Japan
ISBN978-4-7885-1741-7 C1011

———— 新曜社の本 ————

本心は顔より声に出る 感情表出と日本人	重野　純	四六判184頁 本体 1900円
日本人は論理的に考えることが 本当に苦手なのか	山　祐嗣	四六判192頁 本体 2000円
「生きにくさ」はどこからくるのか 進化が生んだ二種類の精神システムとグローバル化	山　祐嗣	四六判192頁 本体 2200円
ワードマップ 批判的思考 21世紀を生きぬくリテラシーの基盤	楠見　孝・道田泰司 編	四六判320頁 本体 2600円
性格を科学する心理学のはなし 血液型性格判断に別れを告げよう	小塩真司	四六判196頁 本体 2200円
臨床心理学研究法4 **アナログ研究の方法**	杉浦義典	A 5 判288頁 本体 3300円
創造性と脳システム どのようにして新しいアイデアは生まれるか	E. ゴールドバーグ 武田克彦 監訳	四六判416頁 本体 4300円

———— 「認知科学のススメ」シリーズ　日本認知科学会 監修　四六判118〜192頁 ————

1	はじめての認知科学	内村直之 ほか	本体 1800円
2	コワイの認知科学	川合伸幸	本体 1600円
4	ことばの育ちの認知科学	針生悦子	本体 1600円
5	表現する認知科学	渡邊淳司	本体 1600円
6	感じる認知科学	横澤一彦	本体 1600円
8	インタラクションの認知科学	今井倫太	本体 1600円
10	選択と誘導の認知科学	山田　歩	本体 1800円

以下続刊

＊表示価格は消費税を含みません。